JUNTAS

JUNTAS

Jesus Uniu Nosso Tempo para Avivamento e Salvação

MIDIAN LIMA

CAMILA BARROS

RAQUEL LIMA

GABRIELA LOPES

Vida

Editora Vida
Rua Conde de Sarzedas, 246 — Liberdade
CEP 01512-070 — São Paulo, SP
Tel.: 0 xx 11 2618 7000
atendimento@editoravida.com.br
www.editoravida.com.br
@editora_vida /editoravida

Editor-chefe: Sarah Lucchini
Editor responsável: Maurício Zágari
Preparação: Maurício Zágari
Revisão: Bárbara Bie
Revisão de provas: Jacqueline Mattos
Diagramação: Vanessa da Silva Monteiro
Capa: Lira Lira

JUNTAS

■

Exceto em caso de indicação em contrário, todas as citações bíblicas foram extraídas de *Nova Versão Internacional* (NVI)
© 1993, 2000, 2011 by International Bible Society, edição publicada por Editora Vida. Todos os direitos reservados.

Todas as citações bíblicas e de terceiros foram adaptadas segundo o Acordo Ortográfico da Língua Portuguesa, assinado em 1990, em vigor desde janeiro de 2009.

■

As opiniões expressas nesta obra refletem o ponto de vista de seus autores e não são necessariamente equivalentes às da Editora Vida ou de sua equipe editorial.

Os nomes das pessoas citadas na obra foram alterados nos casos em que poderia surgir alguma situação embaraçosa.

Todos os grifos são do autor, exceto indicação contrária.

2. edição: set. 2024

Dados Internacionais de Catalogação na Publicação (CIP)
(Câmara Brasileira do Livro, SP, Brasil)

Juntas / Camila Barros...[et al.]. -- 2. ed. -- São Paulo : Editora Vida, 2024.

Outros autores: Midian Lima, Raquel Lima, Gabriela Lopes

ISBN: 978-65-5584-574-7
e-ISBN: 978-65-5584-571-6

1. Cristianismo 2. Mulheres - Aspectos religiosos - Cristianismo 3. Oração - Cristianismo 4. Relatos de experiências I. Barros, Camila. II. Lima, Midian. III. Lima, Raquel. IV. Lopes, Gabriela.

24-222742 CDD-270.082

Índice para catálogo sistemático:

1. Mulheres : Aspectos religiosos : Cristianismo 270.082

Eliane de Freitas Leite - Bibliotecária - CRB 8/8415

De:

____

Para:

____

Sumário

A VOZ DO FUTURO

Camila Barros

CONSTRUINDO UM LUGAR SEGURO PARA A MINHA GERAÇÃO

Midian Lima

DANÇANDO NA CHUVA

Raquel Lima

ROMPENDO PARA VIVER O NOVO

Gabriela Lopes

Senhor Deus, a ti toda honra, toda glória e toda nossa adoração para sempre — e a cada linha e imagem deste exemplar.

A todas as mulheres que servem ao Senhor e ao seu Reino ao cuidar de pessoas com amor e honra, a fim de que ele seja glorificado no labor de cada uma de vocês. Mulheres que nos inspiram, ensinam e abençoam, frequentemente de forma anônima, mas que, sem dúvida, são para nós grande inspiração e, não raramente, a principal motivação da parte de Deus para que continuemos avançando. Vocês são o exemplo que nos inspira a acreditar que Deus nos chamou para fazermos a sua obra, **JUNTAS**! Muito obrigada! Deus as abençoe em Cristo sempre.

Agradec

imentos

A Deus, por tudo o que nos tem permitido viver, ser e realizar ao atendermos o chamado que nos foi feito. Somos gratas por esta oportunidade que ele nos deu de nos conectar em um só propósito, para que outras mulheres também possam receber aquilo que o Senhor compartilhou conosco sobre unidade para este tempo.

Às mulheres de Deus que prefaciaram cada capítulo deste livro, deixando em nós a marca de sua essência tão específica e, com isso, edificando todas nós.

Às nossas famílias, pelo apoio incondicional.

A todos nossos irmãos e amigos, que sempre intercedem e torcem por nós.

Aos nossos pastores e suas esposas, por nos abençoarem com a liberdade de fluir no propósito de Deus.

Às nossas igrejas, pelo apoio de sempre.

A todas as igrejas que sempre nos recebem com tanto carinho e amor. Nosso "muito obrigada" por reconhecerem o Espírito Santo em nossa vida.

A você, que acaba de adquirir este exemplar! O desejo do nosso coração é que seja poderosamente abençoada e edificada por cada capítulo deste livro!

Apresen

tação

Este livro é a segunda edição de um compêndio de histórias inspiradas pelas experiências que vivemos juntas ao longo do caminho, dividido em quatro capítulos com temas independentes. Os textos foram escritos pelas autoras sob a influência da Palavra de Deus, a fim de que, ao serem lidos, não só a inspire, mas também a leve a aplicar de modo prático o que aqui foi compartilhado. O desejo do nosso coração é que você creia, rompa e avance em todas as áreas da vida, sabendo que não está sozinha. Pois, assim como este livro tem capítulos independentes, mas reunidos em um exemplar único, assim é a nossa jornada.

Cada um tem a sua vida, mas quem disse que ela deva ser trilhada sozinha? Pelo contrário, como diz a Palavra de Deus: “Se caírem, um levantará o outro. Mas pobre do homem que cai e não tem quem o levante! Um homem sozinho pode ser vencido, mas dois conseguem defender-se. Um cordão de três dobras não se rompe com facilidade” (Eclesiastes 4.10,12). Entendeu?

Os capítulos estão separados porque a vida de ninguém é igual à de outro. No entanto, no decorrer do livro, todos eles se encontram, exatamente como nós, formando, assim, uma obra única, com o propósito de enaltecer, acima de tudo, o autor e consumador da nossa fé: *Jesus*! A ele toda honra, toda glória e todo louvor para sempre.

Amém.

Introd

ução

Juntas nasceu de uma amizade que, aparentemente, começou como qualquer outra, por afinidades pessoais, mas que, com o passar do tempo e dos anos, foi fortalecida por meio da compreensão do propósito de Deus em nossa vida.

Juntas, desfrutamos de uma comunhão libertadora e poderosa! Libertadora porque usufruímos da liberdade de expressar nossas dores e vulnerabilidades, sem nos preocuparmos com julgamentos; e poderosa porque fortalecemos umas às outras, reconhecendo e elevando a força das nossas qualidades.

Não esquecemos, contudo, de tomar o devido cuidado, sempre que necessário, com nossos defeitos. Mas, acima de tudo, compartilhamos sem reservas as nossas conquistas e as celebramos como se a vitória de uma fosse de todas! E, de fato, não nos juntamos somente para celebrá-las, mas para trilhar o caminho que precisa ser percorrido até alcançá-las.

Foi nesse caminho que o Espírito Santo nos mostrou que era a hora de ampliarmos nossa visão e nosso entendimento de comunhão para outras mulheres que, assim como nós, sabem que a trajetória é desafiadora, mas que não precisa ser trilhada sem ajuda. É possível caminharmos *juntas*; sabendo que, unidas, a jornada fica bem melhor e muito mais leve.

Na verdade, *Juntas* é, sem dúvida, o propósito que Deus tem para cada uma de nós. Não é sobre chegar primeiro, mas sobre mais mulheres descobrirem o propósito delas enquanto você cumpre o seu!

Sobre as autoras

Camila Barros

Casada com o pastor Eduardo Gonçalves, é pastora, pregadora e mentora. Intensamente entregue ao ministério da Palavra, tem dedicado todos os seus dias, nos últimos 15 anos, a essa missão, ampliando sua atuação nos últimos quatro anos também à área do ensino, por meio de seus cursos — disponíveis na internet. Carismática e cheia do Espírito Santo, vem "furando as bolhas" denominacionais, cooperando, assim, com a unidade da Igreja e testemunhando, por meio da pregação da Palavra, salvação e milagres por onde passa.

Midian Lima

Casada com o pastor Eliel Lima e mãe de Samuel, Eliel Lima Filho e Felipo Lima, é pastora e cantora. Nascida no Rio de Janeiro, serve a Deus na Assembleia de Deus Vitória em Cristo (ADVEC), onde é ovelha de Silas e Elizete Malafaia.

Raquel Lima

Casada com Paulo Jayme e mãe de três filhos: Benjamim, Maria Júlia e Ana Bella, é pastora e pregadora da Palavra de Deus, tem seguido no ministério por influência direta de seu pai, pastor Bonifácio. Com um jeito único de pregar, tem influenciado e animado milhares de pessoas por onde passa. Nas redes sociais, destaca-se de forma leve e alegre, respondendo a diversas perguntas!

Gabriela Lopes

Casada com Alcir Guimarães, é pastora, escritora e empreendedora. Graduada em Teologia pela Faculdade Faerpi, é também estudante de psicanálise. Vibrante e dona de uma alegria contagiante, vive o cumprimento de promessas que lhe foram feitas nos cenários mais improváveis da vida. Assim, tornou-se um testemunho vivo de força, fé, propósito e superação.

A voz do futuro

Camila Barros

A glória é de Deus, sempre. Mas a alegria é nossa, é de todas nós, por podermos viver isso JUNTAS.

Prefácio

O nome de Camila veio antes do seu nascimento. Ela nasceu linda, com as bochechas rosadas. Quase nunca chorava e sempre acordava sorrindo (já confundia o Inimigo mesmo com a fralda cheia!).

Sempre foi forte. Uma menina com coração de leão, que amava desafios e aventuras, principalmente os que eram feitos pelo Zanony, seu pai (*in memoriam*). Foi uma criança inteligentíssima, que com 5 anos já sabia ler e escrever, pois sua irmã mais velha brincava de escolinha com ela todos os dias e sua avó Zilda (*in memoriam*) a ensinava as letras do alfabeto desde os seus primeiros passos.

Na adolescência, gostava de brincadeiras e esportes radicais. Muito disso foi inspirado pelo meu irmão caçula, a quem, por um tempo, ela chamava de Indiana Jones (*risos*), por causa do seu jeito de ser.

Camila sempre foi querida pela família e pelos amigos. No início da juventude, realizou o seu maior feito: entregou-se a Cristo! Foi lindo! E, assim, o coração da menina conheceu o dono do coração de leão. Ela o amou e foi selada pelo sangue daquele a quem entregou a vida e o coração para sempre. Ele a amou primeiro, e ela se apaixonou completamente pelo seu amado Jesus.

Logo depois, namorou o Eduardo, ficou noiva e se casou. Enquanto tudo isso acontecia, ela trabalhava e se dedicava à Palavra. Deus lhe acrescentava graça, conhecimento e unção para cumprir o seu chamado. Um chamado lindo!

Vejo em Camila o cumprimento das promessas que, no passado, Deus nos fez sobre o que viveríamos. Foi crendo nisso, sem duvidar, que chegamos até aqui e iremos além, até a Eternidade, em nome de Jesus!

Em nossa casa, cremos em tudo o que a Bíblia diz, pois Deus não é homem para mentir, mas cumpre tudo o que fala (cf. Números 23.19). O ministério que o Senhor confiou à minha filha é prova disso, assim como as coisas que ela consegue fazer e as pessoas que são conectadas a ela por meio de Cristo.

É tudo Deus! É tudo verdade! A ele toda glória! Inclusive, Deus seja glorificado por eu estar aqui prefaciando, pela primeira vez na vida, um livro escrito por uma autora como a minha filha. Estou radiante!

A glória é de Deus, sempre. Mas a alegria é nossa, é de todas nós, por podermos viver isso *juntas*!

— Luciane V. Barros

Filha de Aldenila e João Barros. Mãe de Elaine, Larissa e Camila Barros. Serva do Deus Altíssimo. Mãe amada, sogra querida, avó apaixonada e feliz!

O entendimento das Escrituras Sagradas nos dá a convicção de que nosso futuro já foi preparado por Deus.

Nota da autora

E se você fosse capaz de adivinhar o futuro? Já pensou se Deus lhe revelasse o que ele tem reservado para sua vida? Imagine poder celebrar antecipadamente as coisas boas, mesmo que ainda não as tenha experimentado; ou ainda ter a chance de se livrar de algo ruim e se preparar para enfrentar uma provação, ao ponto de não mais temer as dificuldades. Imagine viver o presente repleta de esperança e completamente livre da ansiedade ou medo do amanhã; projetar no agora o que você já tem por certo no futuro, independentemente das perdas e das dores que já marcaram o seu passado.

Entenda: essa pode ser a sua realidade e não apenas uma fantasia. Saiba que a esperança que procura, a segurança de que precisa e toda paz que sua mente almeja — bem como todas as informações e ferramentas de que necessita para a construção de um futuro estável e seguro — estão totalmente disponíveis na Palavra de Deus, a fim de que você as coloque em prática.

Através da leitura das próximas páginas, você compreenderá que o entendimento das Escrituras Sagradas nos dá a convicção de que nosso futuro já foi preparado por Deus. A maneira como vivemos no presente influencia quando e como estaremos prontas para acessá-lo, e torna o porvir uma realidade iminente em vez de uma ocasião aleatória sujeita aos acontecimentos da vida. A Voz do Futuro não fala por falar, nunca diz por dizer e, para que ela ganhe vida em você, primeiro é preciso viver o que ela declara!

Você está pronta? Então assinale uma resposta:

Marque a resposta escolhida com um "X"
(e seja super sincera):

- Sim! *Bora!*
- Ainda não, mas vamos assim mesmo e no caminho vou entendendo melhor!
- Estou muito cansada, mas vou confundir o Inimigo e ler tudo!
- Estou com preguiça, mas vou ler de uma vez e deixar o Inimigo tonto!

1

Ouvindo a Voz do Futuro pela primeira vez!

A voz de Deus é poderosa, quem der ouvidos a ela sempre terá experiências transformadoras e extraordinárias para contar.

A conversão de Saulo no caminho para Damasco foi marcada por um forte resplendor de luz que veio do céu e subitamente o cercou. A claridade era tanta que o fez cair por terra. Precisando cerrar os olhos, não viu mais coisa alguma. Em contrapartida, ouviu claramente a voz do Senhor Jesus: "[...] Saulo, Saulo, por que você me persegue?" (Atos 9.4). Ao escutá-la, perguntou: "Quem és tu, Senhor?". Ao que Cristo respondeu: "Eu sou Jesus, a quem você persegue!" (cf. v. 5).

Esse mesmo homem, que ficou cego ao ter um encontro com Jesus, foi o autor da carta aos Romanos, na qual afirma: "Consequentemente, a fé vem pelo ouvir, e ouvir a palavra de Cristo" (Romanos 10.17). De pronto, percebemos o quanto se fez necessário o "fechar" dos olhos de Saulo para melhorar sua atenção e audição. Afinal, a fé depende do que se ouve, não do que se vê. Se "os olhos são a janela da alma", como afirma o famoso ditado, podemos, então, dizer que os ouvidos são a "boca" pela qual recebemos o alimento responsável por fortalecer nossa fé. Esse alimento, por sua vez, não diz respeito ao cenário ou às circunstâncias ao nosso redor, mas à Palavra de Deus.

Atos 9.6 revela que, em seguida, Jesus disse a Saulo: “Levante-se e entre na cidade; alguém lhe dirá o que você deve fazer”. Percebemos aqui duas questões importantíssimas. Primeiro: para quem está disposto a ouvir a voz de Deus, não faltará um direcionamento! As palavras do Senhor deixam claro que havia um rumo seguro, preciso e totalmente disponível para Saulo. Segundo: perceba que, se o impacto da visão fez aquele homem cair no chão, maior foi o impacto da declaração que o levantou daquele mesmo lugar e o direcionou. O Senhor lhe disse para se levantar, pois quem ouve a Palavra não permanece caído, e quem se subordina à direção dela jamais ficará paralisado pelo passado.

Diante disso, você talvez esteja se perguntando: “Como ouvir a voz de Deus em minha vida e ter a certeza de que é ele quem está falando?”. A fim de reconhecê-lo, precisamos, antes de tudo, saber como o Senhor fala. Frequentemente escuto frases do tipo: “Não sei se é a voz de Deus ou da minha cabeça”; ou ainda: “Não sei se essa é a voz de Deus ou do Diabo”. Mas a verdade é que nenhuma delas pode se confundir com a voz do Senhor! Como lemos no salmo 29, a voz divina está inconfundivelmente, soberanamente, distintamente e poderosamente acima de todas as vozes e de qualquer dúvida. Ele é o Pai das Luzes, que ilumina os caminhos e aponta a direção.

No entanto, é possível que você ainda questione: “Se a voz dele é tão específica, por que eu ainda permaneço em dúvida?". Isso acontece porque, em vez de buscarmos a Deus, ansiamos apenas por suas respostas, e acabamos por não encontrar nenhum dos dois. Para sermos capazes de discernir a voz do Pai, precisamos passar tempo em sua presença, através de um relacionamento íntimo. Dessa forma, reconheceremos seu modo de falar e jamais iremos confundi-lo com outras vozes.

Voltando à história de Paulo, ele, ainda Saulo, levantou-se após ouvir a voz de Deus, abriu os olhos, mas não enxergou coisa alguma. Guiando-o pela mão, conduziram-no até Damasco, conforme Jesus lhe havia ordenado. Ficou sem ver, comer nem beber por três dias na casa de um certo Judas, aguardando o cumprimento da visão que recebeu: um homem, chamado Ananias, colocaria as mãos sobre ele para que tornasse a enxergar.

Nesse ponto, Saulo estava cego, mas enxergava como nunca; era um homem com deficiência visual que via o futuro de olhos fechados; um cego cuja limitação temporária dos olhos expandiu permanentemente sua capacidade de visão no espírito; um indivíduo limitado pelo que não podia enxergar com os olhos abertos e que teve de aprender a confiar em Deus de olhos fechados. Por isso, ele entendeu na pele que o poder do Senhor se aperfeiçoa em sua fraqueza, e não em sua força (cf. 2Coríntios 12.9). Essa realidade nos prova que a Voz do Futuro — Deus — não procura força humana para se revelar, mas fé para se manifestar!

É exatamente por isso que nossas limitações circunstanciais não devem ser vistas como um problema para Deus agir, mas precisam ser entendidas como um meio pelo qual ele opera, a fim de nos tornar mais próximas e dependentes dele, mais obedientes e humildes, para que o Senhor seja glorificado enquanto nos aperfeiçoa por meio de obstáculos, fraquezas, limitações, dores e tribulações. Em tudo isso, damos graças, porque essa é a vontade de Deus em Cristo Jesus para conosco (cf. 1Tessalonicenses 5.18). Note que a Bíblia não diz que devemos dar graças *por tudo*, mas *em tudo*. Isto é, *apesar de tudo*, pois "sabemos que todas as coisas contribuem juntamente para o bem de todos aqueles que amam a Deus, dos que foram chamados de acordo com o seu propósito" (Romanos 8.28).

Lembro-me da primeira vez em que ouvi a voz de Deus. Era um domingo, eu estava na igreja e me sentei o mais ao fundo possível, pois vestia roupas que usaria em um baile funk naquele mesmo dia mais tarde. Ao final do culto, como de costume, o pastor chamou à frente as pessoas que desejavam fazer uma aliança com Deus. Sempre que aquele momento chegava, eu me sentia constrangida e controlava o ímpeto de aceitar o convite, travada por diversos questionamentos em minha mente para os quais eu não tinha respostas.

Porém, naquele dia, conforme eu repetia para mim mesma as perguntas que constantemente me angustiavam, o pastor começou a responder cada uma delas com trechos das Escrituras, sem que eu precisasse abrir a boca para expor o que se passava em meu coração. Fiquei impressionada com a quantidade de declarações que Jesus tinha a dizer para alguém como eu, que pensava jamais ser capaz de se encaixar no contexto de uma igreja.

Eu me senti como Hagar no deserto: conheci o Deus que me vê (cf. Gênesis 16.13). O Deus que eu achava que só conhecia a Abraão, homem muito correto e santo. Naquela noite, porém, ele falou comigo através de um homem que eu pouco conhecia, usado por Jesus para responder todas as minhas indagações internas. Aquela experiência mudou minha vida para sempre e nada nunca mais foi como antes. Desde então, não há livro grande o suficiente que possa contar tudo o que o Senhor tem feito por mim. A voz de Deus é poderosa, quem der ouvidos a ela sempre terá experiências transformadoras e extraordinárias para contar.

2

Obedecendo à Voz do Futuro no presente!

O futuro que o
Criador quer lhe
manifestar depende
da fé que você mostra
em obediência a ele
no presente.

Quando Deus lhe revelar algo, você precisa demonstrar que crê no que foi dito, com obediência incondicional ao que ele estabeleceu em sua Palavra. Não apenas com declarações positivas, mas aceitando, de uma vez por todas, que você foi chamada segundo o propósito dele e não o seu! É natural que, às vezes, algumas questões não façam sentido para você em momentos de tribulação. Porém, a caminhada cristã é sobre chegar aonde o Senhor quer, pelos meios que ele determinar, e não pelos seus! Aceite confiar, mesmo quando não entender, para que Deus não precise aumentar o nível das suas limitações a fim de elevar o nível da sua confiança na capacidade dele. E lembre-se:

Não confie em Deus só quando não lhe restarem mais opções. Faça dele a sua escolha, principalmente quando estiver diante de outras alternativas.

Ore comigo:

Pai, em nome de Jesus, ensina-me, através do teu Espírito Santo, a buscar tua presença, ler a tua Palavra e conhecer-te ao ponto de poder ouvi-lo e parecer-me contigo. Que eu aprenda a te servir em obediência incondicional e a te amar acima de tudo, sabendo que o Senhor me escolheu quando eu ainda não era nada, e me amou de forma única. Ajuda-me a viver a vida para honrar e corresponder a essa escolha, sempre preferindo a ti acima de tudo o que me cerca. A ti eu clamo, em nome de Jesus. Amém.

Alcançar esse entendimento é algo muito poderoso, pois comunica uma fé que obedece porque confia na capacidade de Deus, apesar de você se sentir fraca diante da própria incapacidade. É uma fé que não espera o Senhor agir para começar a obedecer; que age, mesmo sem ver nada acontecer; que se move porque crê que Deus está agindo, não por emoção, mas pela palavra que ele mesmo liberou; que acredita no "haja" da voz de Deus de imediato; que crê em ambientes, pessoas e coisas que não estão diante da sua visão agora, mas que estão diretamente ligadas ao futuro que, pela Palavra, o Todo-Poderoso já estabeleceu para você. Enfim, é uma fé que usa o que crê no que ainda não se pode ver, obedecendo como se já pudesse tocar no que está para chegar. É isso!

Aleluia! Sinto a presença de Deus, aqui e agora, enquanto escrevo. Que pela mesma palavra você também sinta a presença do Senhor durante a leitura!

A fé verdadeira obedece. A obediência real é a maior demonstração de quem crê — e quem crê, vê, toca, chega, pega, entra, sai, tem, deixa, solta, traz, leva... Quem crê não desiste até que esteja vivendo tudo o que Deus disse! Todo direcionamento de Deus é ao meu favor mesmo que pareça contrário a mim. Com uma direção divina, você sempre irá avançar, mesmo que ele ordene que você retroceda.

Entenda esta dinâmica ao ouvir a Voz do Futuro: a Bíblia manifesta a fé em você e, então, ela é provada pela obediência às instruções do Senhor, uma vez que a leva a receber o que ele tem para você.

O futuro que o Criador quer lhe manifestar depende da fé que você mostra em obediência a ele no presente. A Voz do Futuro pode lhe revelar tudo, mas será a sua capacidade de agir em obediência ao que ele disse no presente que determinará como e quanto você está preparada para viver suas promessas.

Já parou para pensar que as orações que faz a Deus, na verdade, não são feitas apenas porque você sabe que ele existe e a ouve, mas, principalmente, pela fé de que o Senhor está considerando, trabalhando, movendo e operando para responder e realizar o que você pede? Pense verdadeiramente sobre isso e responda para si mesma:

> *Eu continuaria realmente falando com o Senhor se soubesse que ele me ouve, mas nunca leva em consideração nada do que estou dizendo ou pedindo?*

Responda consciente de que, na verdade, ninguém que age assim tem a nossa atenção ou devoção.

Não é pecado chegarmos a essa conclusão, pois o apontamento aqui não é para o caráter oportunista de quem pede, mas para o caráter bondoso e generoso do Pai que ouve. Essa resolução é bíblica. Sabemos que Deus existe e nos escuta, mas também cremos que ele pode fazer o que ninguém mais pode — por isso, pedimos a ele o que não pediríamos para mais ninguém, uma vez que: "Sem fé é impossível agradar a Deus, pois quem dele se aproxima precisa crer que ele existe e que recompensa aqueles que o buscam" (Hebreus 11.6).

Ao buscar por maior clareza e entendimento da Palavra de Deus, você ficará cada vez mais apta a compreender as ordenanças e direções divinas. Não só leia a Bíblia, mas estude-a, esmiuce as palavras, rumine-as em seu coração, assim você nutrirá confiança nas declarações do Senhor. Quanto mais você mastiga a comida, melhor seu estômago a digere, e isso também se aplica à Palavra. Sua confiança em Deus tende a aumentar à medida que você enxerga como ele trabalha no intervalo de tempo entre o pronunciamento de suas promessas e o cumprimento delas. E a Bíblia é o que melhor nos ensina sobre essa relação entre a espera e a confiança.

Pronto! Agora você entende a importância da obediência ao se colocar no mesmo lugar da sua consideração pelo Senhor. Logo, não é difícil perceber que também não há motivo para que ele continue revelando os próximos passos do caminho se você não se mostrar disposta a considerar o que precisa ser feito para trilhá-lo. Por que Jesus se comunicaria com alguém que o ouve, mas não reflete sobre o trajeto? Por que ele continuaria falando sobre o futuro com quem o ouve, mas não lhe obedece? Como prosseguiria a revelar o amanhã a alguém que não suporta seguir os passos do hoje?

3

Ouvindo a Voz do Futuro silenciando as vozes do passado

O discernimento da voz do Senhor vem com o conhecimento da pessoa de Deus.

A Voz do Futuro busca olhos que enxergam mesmo quando estão "fechados", ouvidos que não foram agravados pelo que já aconteceu no passado, e lugar de fala na boca de quem tem coragem de anunciá-la agora!

A Voz do Futuro busca olhos que enxergam mesmo quando estão "fechados", ouvidos que não foram agravados pelo que aconteceu no passado e boca de quem tem coragem de anunciá-la!

Não é uma combinação fácil de se achar, mas, para cada Damasco, Deus sempre terá um discípulo; para cada Saulo, ele sempre terá um Ananias; e para cada pessoa a quem quiser revelar o futuro, certamente já levantou quem a ajudará no presente. Afinal, o presente de quem está pronto já foi o futuro de quem ouvia o Senhor no passado. A Voz do Futuro é a voz do Todo-Poderoso na boca de quem crê no presente, daquele que o ouviu falar sobre o futuro enquanto ainda conjugava o passado.

Aquele que é o mesmo *ontem*, *hoje* e *eternamente* chamou Ananias em uma visão e disse a mesma palavra que havia dado a Saulo: "Levante-se!", pois Deus sempre vai requerer prontidão de quem ele chama antes de lhe entregar uma revelação. Você quer que ele lhe conceda uma revelação privilegiada do que vai acontecer? Quer a direção divina de passos seguros e certos? Quer saber o que fazer, sem duvidar? Quer ser a voz que anuncia o que o Senhor realizará? Então, não hesite quando ele a chamar, pois Deus não fala pela boca de quem não o ouve!

Jesus disse: "As minhas ovelhas ouvem a minha voz; eu as conheço, e elas me seguem" (João 10.27). Só segue quem ouve; e só ouve quem conhece. O verbo "ouvir" nesse versículo não se refere apenas à capacidade auditiva de escutar o som da fala, mas à capacidade de discernir a vontade de Deus expressa na sua Palavra e obedecer-lhe. Por isso, o próprio Jesus deixou claro que não são surdos os que não ouvem, mas os que, ouvindo, não aceitam a Palavra.

Conhecer a Deus intimamente é a chave para discernir quando ele fala. Certa vez, um vídeo falso, desenvolvido através de inteligência artificial, viralizou na internet com a minha voz. Era uma montagem sensacionalista, com cenas de tragédias, guerras e terremotos. As palavras proferidas ali eram alarmistas, carregadas de tristeza e terror. Pessoas mais próximas a mim, assim que tiveram acesso ao vídeo, prontamente denunciaram a publicação e me alertaram. Entretanto, aqueles que não me conheciam de perto lotaram minhas caixas de mensagens, perguntando se a voz em questão era de fato a minha. Meus parentes e amigos íntimos souberam imediatamente que não era eu quem falava no vídeo. Da mesma forma, quem conhece a

Deus sabe quando é ele quem está falando ou não. O discernimento da voz do Senhor vem com o conhecimento da pessoa de Deus.

Ananias ouviu claramente a Voz do Futuro lhe dizer naquela visão: "— Vá à casa de Judas, na rua chamada Direita, e pergunte por um homem de Tarso chamado Saulo. Ele está orando. Em uma visão, ele viu um homem chamado Ananias chegar e impor-lhe as mãos para que voltasse a ver" (Atos 9.11-12).

Imagine quão surpreso ficou Ananias ao perceber que seu nome havia sido revelado a quem ele conhecia como um grande perseguidor, e que foi o próprio Deus, a quem ele servia, quem o revelou (eu me imagino na situação e rio de nervosismo enquanto escrevo este trecho). Pense em como seria o Senhor inserir seu nome na mente de um homem cujo histórico inclui perseguir, torturar, prender e até matar pessoas exatamente como você! Agora, imagine se, além disso, o Onipotente ainda lhe ordenasse que fosse ao encontro desse indivíduo. Foi exatamente isso que Deus fez com Ananias (é especialmente tenso quando ele manda ajudar alguém que você sabe que anteriormente queria acusá-lo e prejudicá-lo)!

Ponha-se no lugar de Ananias por um instante e, então, entenderá facilmente a razão pela qual ele argumentou com o Senhor, dizendo: "Senhor, tenho ouvido muita coisa a respeito desse homem e de todo o mal que ele tem feito aos teus santos em Jerusalém. Ele chegou aqui com autorização dos chefes dos sacerdotes para prender todos os que invocam o teu nome" (vs. 13-14). Ou seja, *"Eu?!"* (risos). É quase isso que Ananias está tentando dizer.

De fato, tudo o que Ananias falou para Deus sobre Saulo era verdade, ele não mentiu; porém, tudo o que o profeta pensava que sabia pertencia ao passado de Saulo, não mais ao seu presente e, menos ainda, ao seu futuro!

Assim somos nós quando tentamos fazer Deus saber o que ele sempre soube. Assim somos nós argumentando com a Voz do Futuro sobre coisas que, para o Senhor, já são passadas, mas que, para nós, ainda parecem tão recentes, por serem a nossa única referência antes da novidade que ele nos traz. Assim somos nós, letárgicos no entendimento e na aceitação do que não há como argumentar com aquele cujo nome é "Já"! Entenda, você nunca vai contar uma novidade àquele que é Onisciente, por mais recente que ela lhe pareça. Todas as histórias, até aquelas que ainda não aconteceram, já foram anunciadas por ele no passado e conjugadas para você no futuro!

Não tente descrever para Deus quem foram as pessoas no passado quando ele estiver anunciando quem elas serão no futuro. Ananias tentou dizer ao Senhor quem era Saulo com base no que ele sabia sobre ele, porém, tudo o que Ananias sabia sobre esse homem havia se tornado passado três dias antes, e ele claramente não tinha conhecimento disso. Assim, disse: "Senhor, tenho ouvido muita coisa [...]". Veja, o que Ananias sabia sobre Saulo estava baseado no que outros lhe disseram e, por mais que tivesse sido verdade, isso não interferiu no que o Eterno quis lhe revelar sobre o futuro apóstolo. Aqui fica claro que já não importa mais o que dizem os outros a nosso respeito quando Deus já anunciou quem seremos!

A Voz do Futuro não só silencia as vozes do passado, mas também atualiza as narrativas.

O Todo-Poderoso respondeu à argumentação de Ananias sobre tudo o que ouviu da boca de muitos sobre Saulo, dizendo: "*Vai*, porque este é para *mim*, um instrumento *escolhido* [...]" (Atos 9.15, ARA, grifos da autora). Vejo nessa resposta duas interpretações. Primeira: "Eu não vim pedir sua opinião, mas a sua obediência. Vá!". Segunda: "Eu não vim ouvir sobre quem ele foi para os outros, mas vim lhe contar sobre quem ele é para mim agora". Isso reflete a realidade bíblica: "Portanto, se alguém está em Cristo, é uma nova criação. As coisas antigas já passaram; eis que se fizeram novas!" (2Coríntios 5.17); e "Vejam! As profecias antigas já se cumpriram, e coisas novas eu anuncio; antes de surgirem, eu as declaro a vocês" (Isaías 42.9).

É isso! Glorifique a Deus! Glória ao Senhor por essa palavra e por você ter concluído mais este capítulo. Você está de parabéns! A glória é de Deus, mas a alegria é nossa.

4

Reconhecendo e reproduzindo a Voz do Futuro!

Uma vida devocional não se conquista com emoção, mas com disciplina.

Ananias foi aonde o Senhor lhe mandou e fez o que lhe foi ordenado. O profeta reconheceu a voz e a vontade de Deus a ponto de, no primeiro encontro, chamar Saulo de "irmão" antes mesmo de ver qualquer sinal que apontasse para sua conversão.

> Então, Ananias foi, entrou na casa, impôs as mãos em Saulo e disse:
>
> — Irmão Saulo, o Senhor Jesus, que apareceu no caminho por onde você vinha, enviou-me para que você volte a ver e seja cheio do Espírito Santo. Imediatamente, algo como escamas caiu dos olhos de Saulo e ele passou a ver novamente. Levantando-se, foi batizado (Atos 9.17-18).

Ananias tomou essa atitude com alguém que outrora não passava de um perseguidor, permitindo-se ser o instrumento que Deus usaria para que Saulo fosse cheio do Espírito Santo. Isso é reconhecer e reproduzir a Voz do Futuro. Ananias creu no que o Senhor lhe havia dito de tal forma que adotou aquela realidade como única, não esperando nada de Saulo para provar sua conversão, nem mesmo esperando de Deus sinal algum para fazer o que lhe fora ordenado.

Observando esse texto, percebemos que Deus não nos chamou apenas para ouvir a sua voz, mas também para reconhecê-la como única e 100% verdadeira, válida e poderosa acima de todas as outras; e manifestá-la, reproduzindo-a, verbalizando-a e executando-a na certeza de que já alterou a realidade ao nosso redor, mesmo que ainda não a vejamos ou tenhamos sinais mais evidentes disso. A palavra dele basta! Ela é, e para sempre será, *suficiente e eficaz!*

Ananias não foi até aquele local para repetir o que ouviu de outros, mas o que ouviu de Deus.

Diante de tudo o que leu até aqui, eu gostaria que você refletisse sobre que tipo de voz tem reproduzido na sua realidade. A voz do passado ou a Voz do Futuro? O que lhe disseram ou o que o Senhor lhe disse? As vozes do medo ou a do Todo-Poderoso? Responda para si mesma:

- Suas ações são manifestações claras do que o Criador já falou?
- Suas atitudes de hoje combinam com o que ele disse sobre o seu amanhã?

- A maneira como você se move no presente claramente aponta que está seguindo em direção ao futuro indicado pela Bíblia?

Reflita sobre isso e questione-se não sobre o que Deus disse, mas sobre como você tem agido em relação ao que foi dito. O futuro já está pronto! A questão é saber se você está se preparando para ele ou ficará vagando como se não soubesse para onde ir.

A Palavra tem resposta para todas as perguntas. A Voz do Futuro sabe tudo sobre você. Não fique paralisada ou presa ao que aconteceu ontem. Converse com ele hoje e ouça o que o Senhor tem a dizer sobre o seu amanhã.

Para isso, cultive o hábito da devoção diária. Escolha um horário fixo, de preferência pela manhã, antes de todos os seus compromissos e afazeres, e deixe claro para Deus que ele tem prioridade em sua vida. Fale com o Senhor com reverência e intimidade. Leia a Palavra, reflita e medite sobre ela. Em seguida, escreva e anote o que compreendeu. Converse sobre ela com alguém em algum momento do seu dia, para que não se esqueça do que foi aprendido, e aplique-a em sua rotina. Adore e exalte a Deus com louvores, hinos e palavras que surgirem em seu coração. Além disso, utilize as Escrituras como inspiração para elogiá-lo e engrandecê-lo.

O segredo está no "todo dia", mesmo que seu tempo com o Senhor não seja perfeito. É na maneira intencional e racional de buscá-lo todos os dias — não apenas impulsionada por suas emoções — que o sobrenatural, o excepcional, o maravilhoso e o incrível acontecerão no decorrer do tempo. Talvez, alguns minutos na presença de Deus poderão impactar vários anos de sua vida, então empenhe-se na devoção em meio ao ordinário. Assim, você será capaz de experimentar o extraordinário.

O poder da constância e da disciplina é maior do que o poder de efusão do "de vez em quando". Nada supera o impacto a longo prazo daquilo que só a constância da rotina pode trazer. É como um cultivo: você planta a semente e continua regando a terra; mesmo sem ver a planta brotar, já é possível saber que algo está acontecendo. Com o passar do tempo, a semente germina e, em um belo dia, frutifica e fornece sombra. Uma vida devocional não se conquista com emoção, mas com disciplina. Não é sentir para fazer, é fazer pra sentir.

Exercitando a fé!

Escreva abaixo o que lhe será solicitado:

1 - Escreva, a seguir, o que Deus lhe disse e já foi cumprido em sua vida (coisas grandes ou pequeninas):

2 - Escreva, a seguir, as bênçãos pelas quais você ainda está aguardando:

3 - Agora, ore comigo:

Pai, em nome de Jesus, eu te glorifico e te agradeço por tudo o que já fizeste em minha vida. Reconheço que as coisas de que me lembrei só poderiam ter sido realizadas pelo Senhor. Por isso, faço esta oração com a certeza de que a tua Palavra é a verdade na minha vida, independentemente da minha realidade atual. Crendo nisso, eu te suplico que me concedas a fé necessária para obedecer à tua Palavra, manifestando-a no meu presente, confiando no que já me foi garantido sobre o meu futuro e não me deixando paralisar pelo que aconteceu no passado. Eu preciso disso, Senhor, e te imploro que me atendas, meu Deus. Em nome de Jesus. Amém.

Declarações Proféticas!

Você foi chamada para ouvir a voz de Deus. Declare ousadamente os versículos abaixo em suas orações durante a semana, e creia que aquilo que a Palavra de Deus diz é decreto para sua vida.

1 *"Clame a mim, e eu responderei; e direi a você coisas grandiosas e insondáveis que você não conhece".*
(Jeremias 33.3)

Ele respondeu: — Antes, bem-aventurados aqueles que ouvem a palavra de Deus e lhe obedecem. 2
(Lucas 11.28)

3 *E vocês disseram: "O SENHOR, o nosso Deus, mostrou nos a sua glória e a sua majestade, e nós ouvimos a voz dele vinda de dentro do fogo. Hoje vimos que Deus fala com o homem e que este ainda continua vivo!".*

(Deuteronômio 5.24)

Quer você se volte para a direita, quer para a esquerda, os seus ouvidos escutarão uma voz atrás de você, dizendo: "Este é o caminho; siga-o". 4

(Isaías 30.21)

5 *Consequentemente, a fé vem pelo ouvir, e ouvir a palavra de Cristo.*

(Romanos 10.17)

E lhe disse: — Vá e deite se; se ele o chamar, diga: "Fala, Senhor, pois o teu servo ouve". Então, Samuel foi deitar se no seu lugar. Veio o Senhor, colocou se de pé e o chamou como nas outras vezes: — Samuel, Samuel! Samuel respondeu: — Fala, pois o teu servo ouve. 6

(1Samuel 3.9-10)

Parabéns, você chegou ao final deste capítulo! Você venceu (e eu também, sabia? Foi um grande desafio escrever esta última parte)! Nós vencemos! Glória a Deus! Vamos comemorar passando um café fresquinho para celebrarmos este momento (risos)!

Que Deus a abençoe!

Construindo um lugar seguro para a minha geração

Midian Lima

Não existe um dom para ser mãe, existe uma convocação dos Céus.

Prefácio

Só existe um espaço na vida no qual você é insubstituível: a maternidade! Foi isso que o Senhor me mostrou depois que abri mão da minha carreira em um banco para me dedicar à educação dos meus filhos. Muitas vezes, como mães, somos tentadas a ver a criação dos filhos apenas como uma lista infindável de tarefas, que nos pressiona a sempre fazer mais.

Este segmento do livro foi escrito de mãe para mãe, com o propósito de encorajá-la a desfrutar da sua maternidade e não apenas cumprir responsabilidades. Em nossos dias, muitos enganos, mentiras e dúvidas têm sido postos no coração e na mente de crianças e adolescentes. Eu realmente acredito que a resistência mais eficiente que podemos levantar é treinar nossos filhos com a verdade. É não negociar a construção, em nossos lares, de um ambiente que valoriza e conserva a Palavra de Deus. Não seremos perfeitas nesta jornada, mas queremos progredir em glorificar a Deus em tudo. Muitas mulheres se frustram ao abrir mão de tarefas que desempenhavam antes de sua gestação, e o mundo lá fora constantemente diz para elas que a maternidade é algo insignificante e ingrato.

A mensagem deste livro vai libertá-la desses sentimentos e reconectá-la com o valor que Deus atribui à maternidade. Ser mãe é participar com Deus na formação de pessoas que podem transformar a sociedade, impactar gerações e levar a mensagem de esperança e paz. O Pai confiou a você a maternidade como uma missão, que irá preservá-la e guardá-la do egoísmo, das suas fraquezas, do seu ego e da solidão.

Não existe um dom para ser mãe, existe uma convocação dos Céus. Esse chamado vem por meio de um ser tão pequeno e dependente, que nos rouba noites de sono e nos enche de inseguranças e medos, mas nos transforma em mulheres fortes e corajosas.

Quero desafiá-la a aceitar esse convite e a conhecer, neste segmento do livro, princípios eternos que devem direcionar a maternidade e sua vida cristã. Nós precisamos de você! Seus filhos não podem esperar mais e a nossa geração clama por mulheres que transformem suas casas em quartéis-generais das verdades celestiais. Sei que muitas vezes você se sente sozinha, pois, ao seu redor, sempre há mães reclamando do cansaço, das tarefas e do esgotamento.

Espero que, ao ler este livro, você se imagine em uma roda de amigas que a encorajam a manifestar mais de Deus para sua família. E, mesmo que se sinta esgotada hoje, desejo que guarde uma analogia que tem tudo a ver com o que você vai aprender a seguir: Nossa maternidade é como uma vela, que só pode iluminar e perfumar o ambiente se estiver sendo consumida pelo fogo. O esforço, o trabalho e as demandas que nos consomem estão, na verdade, perfumando e iluminando nossos filhos. O convite deste livro é para que você também deixe a sua luz brilhar e impactar sua família e esta geração!

— Bruna Luz

Cristã, casada, mãe educadora de cinco filhos, formada em Administração de Empresas e Teologia. Lidera a Comunidade Mamãe Feliz de Verdade, mentoria que tem ajudado mães a viverem a maternidade como uma missão de Deus, livre do peso e da culpa, e a educarem seus filhos à luz da Bíblia. Além disso, ajuda milhares de pais a assumirem a formação espiritual dos filhos, voltando à prática do culto doméstico e tornando as casas um centro de educação integral da criança por meio das suas redes sociais e de demais cursos.

1

Mudando o decreto

Portanto, ainda que
se levantem decretos
de morte contra seus
filhos, se o Eterno
estiver no comando,
haverá milagres!

Nosso posicionamento diante da Palavra de Deus nos garante força para cumprirmos o nosso propósito!

Eu sempre tive certeza do meu desejo pela maternidade! Amo crianças, e minha mãe foi um grande exemplo para mim. Por isso, sentia-me chamada para gerar. No entanto, quando eu me casei, fiz alguns exames que apontaram a dificuldade que eu teria para conseguir engravidar: o diagnóstico de ovários policísticos em estágio avançado. Aquela má notícia veio como um balde de água sobre meu sonho de ser mãe, e cheguei a ouvir da médica que a maternidade não aconteceria para mim. Mas a misericórdia do Senhor me alcançou, e, depois de um voto que fiz junto a uma oferta no altar, vi tudo mudar.

Certas palavras em nossa vida são como decretos de morte. Assim como um decreto de morte havia sido anunciado pelo faraó contra os israelitas que viviam como escravos no Egito: "[...] Lancem ao Nilo todo menino recém-nascido [...]" (Êx 1.22). Um temor cercava todos: homens, mulheres e crianças. O medo dominava o coração das hebreias.

O novo rei do Egito não conhecera José, nem o legado que ele havia deixado para a sua nação. Por isso, considerou aquele povo uma ameaça, que estava crescendo e ganhando destaque, e intentou destruí-lo: "Deus multiplicou o seu povo, tornou-o mais poderoso do que os seus adversários e mudou o coração deles para que odiassem o seu povo, para que tramassem contra os seus servos" (Salmos 105.24-25).

Assim, quanto mais Israel se multiplicava, mais o monarca o oprimia. Era um tempo muito difícil, que tirava a paz dos hebreus. Mas a verdade é que a promessa que Deus fez a Abraão estava se cumprindo: "Pois ele se lembrou da santa promessa que fizera a Abraão, o seu servo" (Salmos 105.42).

As notícias eram de morte, dor, separação e sacrifício! No entanto, as mulheres continuavam gerando filhos — e gerar em um período de ameaças traz insegurança e pavor à alma. Elas não estavam diante de uma hipótese de morte, mas de uma realidade massacrante que permeava o coração e a mente delas, dia e noite. Além disso, o decreto anunciado pelo faraó estava sobre todos os bebês do sexo *masculino*. Como naquela época não havia ultrassom, a tecnologia não dava às hebreias a oportunidade de preparar-se, antecipar-se e conseguir elaborar um plano de fuga com a família. Não havia escapatória, pois elas eram escravas e estavam debaixo de um jugo. Um destino cruel havia sido decretado a todos os hebreus.

De modo muito semelhante, o "faraó" deste século odeia as multiplicadoras e quer paralisá-las, embutindo na mente delas pensamentos contrários ao plano de Deus (cf. Gênesis 1.28), tais como: "Para que ser mãe?"; "Eu tive uma péssima mãe e não quero replicar essa experiência ao meu filho"; "Eu já tenho muitas obrigações e não tenho tempo para gerar"; "Filho dá muito trabalho"; "Não quero parar a minha vida para cuidar de uma criança, nem dar trabalho para outras pessoas".

Onde há uma promessa de Deus, Satanás se levantará com seus ataques. Cabe a você decidir em quem acreditará. O plano original de Deus permanece de pé!

Quando meu terceiro filho nasceu, Eliel Filho, tive uma infecção por falta de esterilização nos materiais cirúrgicos, e isso quase me levou à morte. Não pude cuidar do meu bebê como fui capaz de fazer com o meu primogênito, fiquei acamada, e não podia amamentar por conta dos antibióticos fortíssimos que tomei. Eu segurava meu filho com a ajuda de minha mãe, pois não aguentava o peso dele em meus braços.

Eliel Filho trouxe à tona um novo nível de maternidade para mim. Naquela estação, entendi que gerar promessas de Deus exige de nós resistência. Nesse período de deserto, vivi muitas dores e drenagens horripilantes. Mas o Senhor se revelou a mim.

Essa experiência me lembra a história de Joquebede, que, em meio ao clima de morte, foi escolhida para gerar Moisés, o libertador do povo de Deus. Nascida no Egito (cf. Números 26.59), descendente de Abraão, Isaque e Jacó, essa mulher, cujo nome significa "Jeová é glória", posteriormente entrou para a galeria dos heróis da fé (cf. Hebreus 11.23). Ela também gerou Arão e Miriã, ambos da tribo de Levi — a tribo da adoração.

Em meio às más notícias, uma resposta do Céu estava em um ventre. Deus sempre providenciará uma resposta para um tempo e uma oração em um útero. Você se lembra de Ana? O profeta, juiz e sacerdote Samuel havia sido gerado por alguém que estava debaixo de uma sentença de esterilidade (cf. 1Samuel 1.5) e, por isso, era rotulada pela sociedade como limitada e rejeitada. Mas seu ventre estava disponível para Deus. Ela, então, contra tudo e todos, levantou a sua voz em oração no altar (cf. 1Samuel 1.10), e Deus lhe concedeu o seu pedido (v. 20). Assim, ela gerou Samuel. Está claro: *Quem gera para* o *Senhor, mesmo sob sentenças e rótulos, não teme.*

O Todo-Poderoso se importa com a próxima geração e sempre estará atento a ela, pois é um Deus geracional — ele mesmo se autodeclara o Deus de Abraão, Isaque e Jacó (cf. Êxodo 3.6). Portanto, ainda que se levantem decretos de morte contra seus filhos, se o Eterno estiver no comando, haverá milagres! A prova disso é que Ana gerou Samuel e Joquebede gerou Moisés. O projeto do Céu estava nos braços de mulheres divinamente escolhidas.

Entenda que tudo o que está sendo gerado uma hora vai nascer! No entanto, quem gera para Deus passará por alguns processos.

A esterilidade física e espiritual é uma triste realidade na vida de muitas mulheres. E toda realidade que se opõe à nossa fé precisa ser combatida com a palavra de Deus! Servimos ao Deus de Sara, Isabel e Ana, que fez frutíferos ventres estéreis. Ele ainda é o mesmo e continua curando. Devemos usar as ferramentas que temos e, se hoje a fé é tudo o que você tem, é exatamente disso que você precisa. Continue crendo em Deus, porque ele age.

A gestação de Moisés não seria como as duas primeiras de Joquebede, as de Arão e Miriã. Ela sabia bem como cuidar de um bebê, mas o que estava em pauta não eram suas habilidades como mãe, tampouco sua experiência em ter filhos. Moisés, o caçula, estava correndo risco de vida; logo, ela precisaria se adaptar ao novo e discernir os tempos em que daria à luz.

A maternidade é cheia de desafios. Quando um filho nasce, não recebemos um manual de instruções. Por mais que possamos ouvir muitos conselhos, cada filho é "único".

Cada filho traz consigo seu próprio desafio e experiência. Nunca podemos dizer que sabemos tudo sobre maternidade, pois estamos em uma carreira de constante aprendizado. Devemos cultivar uma mentalidade de liberdade e disponibilidade em relação aos tempos em que vivemos, a fim de não deixarmos escapar os valiosos ensinamentos que cada período nos traz. Nosso posicionamento na missão que nos foi dada irá nos gerar força para cumprirmos o nosso propósito de acordo com a necessidade de cada tempo.

Quando Deus me chamou para o ministério itinerante, ele me deu o Felipe. Engravidei no final de 2017, e, nessa mesma época, a canção "Jó" começou a alcançar e abençoar muitas pessoas. Nesse tempo, ainda grávida, comecei a viajar muito. Foi uma fase desafiadora, pois meus outros dois filhos ainda eram pequenos e ficavam em casa.

Quando o Felipe nasceu, com 30 dias de vida, precisei deixá-lo por um dia e uma noite para realizar uma rápida viagem. Seguimos todas as recomendações da pediatra e de minha mãe, que entende muito sobre criação de filhos. Quando cheguei ao destino, recebi a notícia de que ele estava com uma urticária gravíssima e já não se movimentava. Imagine o que se passava em minha mente naquele momento assustador! Diante desse cenário, qual seria a reação mais sábia: confiar em Deus ou sucumbir ao desespero?

O Senhor teve misericórdia do Felipe e deu a ele um grande livramento. Preparou profissionais que souberam medicá-lo e cuidou de nossa família. Por conta desse episódio, precisei acompanhar o Felipe rigorosamente, e ele esteve comigo em minhas viagens durante um ano. Foi uma época desafiadora, mas minha vida esteve sempre sob o controle de Deus! É ele quem dá a vida e nos livra do mal. Aprendi a amar incondicionalmente, a esperar, servir e me colocar no lugar do outro. E continuarei aprendendo, pois a maternidade é uma escola eterna.

Penso que toda a casa de Joquebede estava debaixo da mesma ameaça de faraó, incluindo as outras duas crianças. Elas precisavam ser cuidadas e preparadas para receber o novo membro daquela família. Era necessário um alinhamento para passarem por aquele momento unidos.

Filhos são como esponjas que absorvem tudo o que veem e ouvem dos pais, por mais imperceptíveis e insignificantes que suas falas ou seus comportamentos pareçam. Eles tendem a se incluir no momento atual da família. Mas Joquebede soube muito bem como orientar os seus, sem permitir que o medo e a aflição que sentia os influenciassem. Essa é a bênção da orientação!

A nossa essência sempre será verdadeira, e a verdade do interior do lar sempre transbordará para a vida cotidiana dos nossos filhos. A oração, a leitura da Palavra, o amor ao Senhor, tudo isso poderá ser visto por eles, se cultivarmos esses hábitos no secreto. Eu tenho um lema que sempre aponto para meus filhos: "Eu não ando na mentira". Mas, se eu só falo e não ajo, ele será apenas uma frase de efeito, que não gerará nenhum fruto na vida deles. Assim também deve ser a nossa postura diante de Deus: devemos agir conforme aquilo que desejamos viver.

Se você estiver enfrentando um tempo desafiador na maternidade, lembre-se de que Deus conhece o filho que você gerou e lhe dará sabedoria para trazer essa criança para perto, sob sua orientação. Isso é essencial, pois filhos que caminham perto dos pais são bem orientados e se tornam mais seguros.

Mãe, incorpore a Palavra de Deus na vida do seu filho! Ela deve ser a base de sua estabilidade, o manual que orienta sua fé e prática.

2

A alegria da chegada da promessa

Não há alegria maior do que segurar um bebê nos braços logo após o nascimento. Esse é o marco de uma nova era!

De um lado, há o choro da vida; do outro, a alegria do encontro. Embora o processo de dar à luz seja árduo, não permita que falte a celebração. Tempos difíceis não podem tirar do seu lar o louvor e a alegria. Afinal, Deus ama celebrações! Quando essas celebrações ocorrem mesmo em tempos difíceis, nossos filhos aprendem que o Senhor está conosco em todos os momentos, e não apenas quando tudo vai bem.

Lembro-me como se fosse hoje do primeiro chorinho de todos os meus três filhos e da sensação que experimentei ao tocá-los. Não há alegria maior do que segurar um bebê nos braços logo após o nascimento. Esse é o marco de uma nova era!

Segundo os neurocientistas, durante a gestação, as batidas do coração da mãe ficam gravadas no ouvido da criança, e o compasso das batidas de ambas acabam sincronizadas. Há também um aumento no tamanho do cérebro da mãe, o que faz com que seus sentidos fiquem mais apurados. Ela se torna capaz de ouvir, ver e sentir o que ninguém mais consegue a respeito de seu filho, incluindo discernir o choro dele entre tantos outros em ambientes barulhentos e confusos.

Em geral, a mãe se apaixona ao ver o seu bebê pela primeira vez. Comigo foi assim. Com a surpresa de Deus, ali, diante dos meus olhos, eu só conseguia pensar: "Como um ser tão perfeito pode ter saído de dentro de mim?". Como é possível amarmos alguém mesmo antes de vê-lo?

Eu rogo a Deus que esta geração de mulheres seja conhecida por terem mentes férteis e ventres disponíveis para gerar filhos para o Senhor. Gerar para Deus não é um peso, nem é antiquado; é, antes, a garantia de um futuro de homens e mulheres cheios do Espírito Santo que ocuparão lugares importantes na sociedade e farão a diferença.

Eu rogo a Deus que esta geração de mulheres seja conhecida por ter mentes férteis e ventres disponíveis para gerar filhos para o Senhor.

3

Construindo um lugar seguro

**Uma mãe
é solução
para
seu filho.**

Após Joquebede ter dado à luz, ela e seu marido esconderam a criança: "E ela engravidou e deu à luz um filho. Vendo que era bonito, ela o escondeu por três meses" (Êxodo 2.2). Precisamos nos questionar: Como está nossa percepção mães?

Certa vez, uma pastora e psicóloga me disse uma frase que nunca mais esqueci, após eu compartilhar com ela um pouco sobre os meus filhos: "Midian, observe seus filhos e você verá cada um em uma esfera", ela afirmou. Do mesmo modo, Moisés estava no lugar mais seguro possível, no seio da própria família, lugar de estabilidade, aconchego e proteção. É no convívio familiar que os laços se encontram, e o amor e a cumplicidade se estreitam, mesmo com as diferenças de personalidade. Apesar de poder surgir o ciúme direcionado ao novo membro da família que está chegando, o amor de irmão é cultivado e cresce. É no lar que vivenciamos as primeiras experiências como sociedade.

Quando um bebê chega, todos ganham. O pai, a mãe e os irmãos querem amá-lo e cuidar dele. Assim aconteceu com Moisés. Por isso, enquanto havia morte, grito e dor do lado de fora, a cumplicidade e a união reinavam do lado de dentro. O lar daquele menino era o seu esconderijo.

O TEMPO DO DESCONFORTO

A promessa crescia e estava ficando impossível mantê-la em segredo. Afinal, como esconder o que Deus está fazendo crescer? Do mesmo modo, precisamos nos preparar, crendo que a promessa do Senhor para nós se expandirá exponencialmente!

Aquela casa que viveu um tempo de conforto precisou se posicionar. E aquela mãe precisou confiar no Altíssimo e entregar o seu filho, pois, como diz a Palavra: quem gera para Deus, confia nele (cf. Salmos 37.5). Joquebede não se prostrou diante do desafio; pelo contrário, se levantou e começou a construir um novo lugar seguro para Moisés. O plano já estava arquitetado: Ela prepararia um cesto, colocaria o bebê dentro e o deixaria à beira do rio. Assim, aquela mãe "[...] pegou um cesto feito de papiro e o vedou com betume e piche. Colocou nele o menino e deixou o cesto entre os juncos, à margem do Nilo" (Êxodo 2.3).

Por que ela fez isso? Porque Deus sempre nos dá o plano completo! Talvez, se ela fosse pedir conselhos a alguém, poderia ouvir repreensões e críticas, mas Joquebede não se importou com a opinião alheia e deu ouvidos somente à instrução do Senhor.

COMO CONSTRUIR UM LUGAR SEGURO NESTE TEMPO?

1. Invista

O cesto representava uma estratégia para salvar Moisés. Quando Deus nos faz uma promessa, ele também nos dá estratégias para alcançá-la. Assim, Joquebede decidiu investir o seu tempo na construção de um cesto para proteger o menino. O maior investimento que podemos fazer é dar aos filhos o melhor do nosso tempo.

2. Encontre um lugar onde caiba a promessa

O cesto precisava ter o tamanho certo de Moisés; caso contrário, não serviria. Mulher, existem lugares onde a promessa não caberá! Portanto, pare de colocar o seu "Moisés" em lugares que não o comportam!

Quem movimenta a promessa somos nós, mas o dilema surge quando fazemos muitas concessões, permitindo que nossos filhos se dirijam para lugares que não os comportam. Muitas vezes, essas concessões têm nomes como falta de tempo, excesso de trabalho, envolvimento excessivo nas redes sociais, obsessão por limpeza, vaidade e busca incessante por uma imagem superficial que precisa ser exibida, entre outros.

Faça como Joquebede e encontre um lugar que suporte o "bebê" que é a sua promessa. Ore comigo:

Pai, dá-me discernimento para que eu ponha a promessa no lugar certo. Conceda-me uma estratégia! Em nome de Jesus. Amém!

3. Identifique os riscos e faça uma reforma

Após preparar um cesto onde cabia seu bebê, Joquebede percebeu que o objeto estava cheio de buracos. Havia, então, um risco iminente, e ela precisou reformá-lo (cf. Êxodo 2.3).

Naquele tempo, as mulheres hebreias sabiam fazer cestos de junco, um material resistente, proveniente de uma espécie de planta que cresce em regiões alagadiças. Isso proporcionava aos cestos uma maior estabilidade, o que era ótimo, afinal, Joquebede não colocaria seu filho em um recipiente que pudesse afundar.

QUAIS FUNDAMENTOS VOCÊ ESTÁ INVESTINDO NA GRANDE CONSTRUÇÃO QUE SÃO SEUS FILHOS?

Para onde a promessa for, é necessário garantir proteção. Logo, Joquebede pensou: "Vou mexer no lugar certo!". A aplicação de betume tornaria o cesto mais seguro, pois eliminaria a possibilidade de entrada de água, evitando que ele afundasse no rio. No entanto, o objeto ainda não estava completamente pronto — faltava Moisés dentro dele.

O que sustentará o "cesto" que conduzirá nossos filhos pelas águas dos "rios" da vida é o propósito de Deus. Ele precisa estar em um lugar seguro, por mais que pareça perigoso. Se você está construindo o seu "cesto" com oração, jejum e a Palavra de Deus, botando a mão na massa — amando, corrigindo e se dedicando aos seus filhos —, o seu trabalho não será vão no Senhor (cf. 1Coríntios 15.58)! A estrutura dele será tão forte, mas tão forte, que passará pelo "rio Nilo" sem sofrer dano algum.

Você tem o poder de construir *caráter, força e fé* em seus filhos. Vá fundo! Quando uma viúva correu até o profeta Eliseu e lhe disse que havia um credor batendo em sua porta (cf. 2Reis 4.1), a atitude dela dizia o seguinte: "Vim até aqui porque manterei o que meu marido construiu e meus filhos seguirão tendo experiências com Deus". A instrução que o profeta deu a ela foi prática e desafiadora (cf. 2Reis 4.4): Entrar em casa, trancar a porta e crer que o azeite chegaria!

Você percebe como as construções sempre têm início no seio da família? Em um lugar de intimidade? A orientação foi clara: "O milagre vai acontecer dentro da sua casa". Nenhuma construção começa do lado de fora. Tudo tem origem no interior! Aquilo que é visível aos outros é resultado do que foi construído do lado de dentro. Não queira inverter essa ordem.

Joquebede, então, aplicou betume e começou a fechar as brechas. As brechas indicam pontos de acesso desprotegidos, locais pelos quais o perigo pode se infiltrar. Ela estava ocupando o seu tempo com trabalho, pois reconhecia que estava enfrentando uma guerra e não tinha tempo para chorar e se lamentar com o decreto do faraó. Portanto, arregaçou as mangas e começou a realizar algo que daria muito trabalho. Já percebeu como uma mãe construtora sempre está ocupada!

Imagine-se na situação dessa mulher e responda: De que lado você escolheria estar? Do lado do medo, que gera a impossibilidade, enquanto o faraó procura seu filho para matar, ou do lado da coragem, decidindo encarar o desafio e trabalhar?

A teóloga Bruna Luz costuma dizer que filhos não dão trabalho, eles *são* o nosso trabalho! Uma mãe é solução para seu filho. Assim como Joquebede, nós, enquanto mães, estamos trabalhando na construção de um "cesto" para proteger os nossos filhos. O devocional, a oração, a leitura da Bíblia e a gratidão diários são os principais materiais que utilizamos nessa empreitada.

Desde bem pequeno, meu primogênito adquiriu o hábito de fazer devocionais. Quando ele ainda não sabia ler, eu já o fazia orar e cantar ao Senhor todas as manhãs, ensinando-o a ter tempo a sós com Deus e priorizar sua presença. Após alguns anos, ele já conhecia o caminho e, quando o seu irmão caçula chegou, ele já estava estabelecido como exemplo a ser seguido.

Educar o filho no caminho em que deve andar, conforme nos ensina Salomão (cf. Provérbios 22.6), é um trabalho árduo, estratégico e silencioso. É feito de pouquinho em pouquinho. Quando Deus lhe der uma estratégia, execute-a! Não corra para contar a alguém. Primeiro, estabeleça um plano.

Muitos dos planos que Deus nos deu já foram por água abaixo porque não soubemos controlar a língua. Assim, compartilhamos com os outros as estratégias que recebemos pelo Espírito em nossas íntimas orações e não percebemos que se tratava de um projeto que só requeria o nosso silêncio.

Joquebede começou a construir o futuro profético de Moisés debaixo de incertezas e muito medo, mas não deixou de botar a mão na massa.

O LUGAR DA PROTEÇÃO PRECISA SER RESISTENTE

Joquebede possuía um profundo conhecimento do material que estava utilizando. Ela sabia exatamente o que estava fazendo e tinha uma certeza: "Dentro deste cesto, meu filho não afundará! Eu mesma o construí! Posso confiar em Deus, pois minha tarefa foi cumprida". Assim como ela, devemos dar o nosso melhor para executar a função que o Senhor nos delegou, mas confiando nele para fazer o que está além do nosso alcance.

Fui criada em um lar simples, mas com uma base sólida. Minha mãe teve pouca educação, mas nunca negociou seus princípios. Ela agiu conforme o que sabia e deu o seu melhor para educar os filhos. Assim também foi Joquebede, que guardou Moisés quando ele era ainda bem pequeno.

Ei, mãe, é desde bebê que se protege e começa a incutir valores nele! A intenção de Satanás é matar, roubar e destruir desde a mais tenra idade. A autora e pregadora Joyce Meyer diz que ele usa o tempo para ratificar uma mentira, afirmando-a repetidamente.

Certa vez, ouvi uma psicóloga dizer que, em relação a dons e talentos, toda criança sabe o que se tornará até os 5 anos. Isso deixa ainda mais evidente que não podemos deixar nossos filhos desprotegidos na primeira infância, a ponto de serem influenciados pelo que poderá se tornar prejudicial para o futuro deles. Busque ter uma visão de águia para enxergar o futuro mais de perto.

A águia possui uma incrível capacidade de visão, extremamente aguçada para a caça. Por isso, ela consegue enxergar uma presa a grandes distâncias. Mães-águias são capazes de ver o futuro perto e investem na proteção dos pequenos. Elas estão conectadas no Espírito, por meio da oração, do jejum e da supervisão.

A pastora Elizete Malafaia diz que a mulher é como um radar dentro de casa, capaz perceber quando algo diferente está acontecendo. Concordo com ela. Por isso, mulher, não se isole. Corra para quem pode ajudá-la na construção da proteção dos seus filhos: o Senhor! Aproxime-se deles, ame-os e proteja-os! A intenção de Satanás é semear inimizade entre pais e filhos! Ele ama a separação, odeia o amor genuíno e trabalha para *desunir* famílias e dividir reinos. Afinal, uma casa dividida não subsiste (cf. Mateus 12.25)! Portanto, ame, ame mais um pouco e seja amiga do seu filho! Não acredite na mentira de que os adolescentes são "aborrecentes", quem inventou essa palavra foi o Diabo! Eles estão em uma fase de transição, saindo da infância e entrando na juventude, com muitos questionamentos, inseguranças e incertezas. Nessa fase, é essencial que dediquemos a eles muita atenção e amor!

Uma mãe precisa se tornar amiga do seu filho, conquistar a sua confiança e ser alguém com quem ele tem coragem de compartilhar segredos. Ela deve estar em íntima conexão com o Espírito Santo e buscar estar informada, interessada e jamais alienada quanto ao que está acontecendo na vida do filho. É essencial que ela levante questionamentos, como: "Quem são os amigos do meu filho?"; "Como ele está na escola?"; "O que está lendo?"; "Qual conteúdo está consumindo nas redes sociais?"; entre outros.

A ausência materna gera frieza e agressividade na criança e no adolescente. Talvez o que seu filho mais precise não seja de um terapeuta, mas de sua presença! As mães possuem a capacidade de discernir cada pequena atitude de seus filhos, frequentemente influenciados por situações que se desenvolvem dentro de casa.

Joquebede havia decidido que não permitiria que seu filho morresse pelas mãos do faraó! Talvez ela tenha pensado: "Eu não o gerei para a perdição, mas para o Senhor! Portanto, eu vou trabalhar e me esforçar, mas não o entregarei a Faraó. Vou me posicionar e ninguém irá tocá-lo!".

Você, como mãe, também precisa tomar uma decisão!

Palavras finais

Sabemos quem foi Moisés: O escolhido de Deus para ser o libertador dos hebreus da escravidão do Egito e para liderá-los até a terra prometida. Será que Deus errou ao escolher levantar um homem no momento em que o faraó liberou o decreto para matar todos os bebês do sexo masculino? É claro que não! Pelo contrário, ele já sabia de tudo o que aconteceria. Por isso, também levantou uma mulher, chamada Joquebede, e pôs o grande desafio em suas mãos de proteger e cuidar daquela criança.

Assim Deus fez com você, mãe. O seu filho não foi um erro. Deus não se enganou ao confiá-lo a você. Não acredite na mentira de que ele dá muito trabalho. Considere sempre que ele é um escolhido por Deus para cumprir uma grande missão! Você terá, sim, que trabalhar muito para construir o "cesto" que o protegerá durante essa jornada — o cesto dos valores, da educação e da intimidade com Deus.

O Senhor não fará o que compete a você, como mãe, fazer. Ele já lhe deu "Moisés", agora cabe a você construir o "cesto", fechar as brechas e utilizar um material resistente para aparar os danos. Feito isso, você também precisará depositar toda a sua confiança no Todo-Poderoso ao colocá-lo no "rio" e crer que o Senhor dará o livramento. Entregue "Moisés" a Deus, e ele fará com que seu filho volte para casa.

Quando o menino completou três meses de vida, Joquebede o entregou, depositando-o no lugar seguro que havia construído. Saiba disto: *Quem gera para Deus e constrói um lugar seguro para uma geração não fica sem recompensa.*

Veja qual foi o final dessa história:

> Desceu a filha de Faraó para se banhar no rio, e as suas donzelas passeavam pela beira do rio; vendo ela o cesto no carriçal, enviou a sua criada e o tomou. Abrindo-o, viu a criança; e eis que o menino chorava. Teve compaixão dele e disse: Este é menino dos hebreus. Então, disse sua irmã à filha de Faraó: Queres que eu vá chamar uma das hebreias que sirva de ama e te crie a criança? Respondeu-lhe a filha de Faraó: Vai. Saiu, pois, a moça e chamou a mãe

O seu filho não foi um erro. Deus não se enganou ao confiá-lo a você.

> do menino. Então, lhe disse a filha de Faraó: Leva este menino e cria-mo; pagar-te-ei o teu salário. A mulher tomou o menino e o criou. Sendo o menino já grande, ela o trouxe à filha de Faraó, da qual passou ele a ser filho. Esta lhe chamou Moisés e disse: Porque das águas o tirei. (Êxodo 2.5-10, ARA)

Depois de ter sido colocado dentro de um cesto e entregue ao rio Nilo, Moisés foi encontrado pela princesa, voltou para os braços de sua mãe para ser amamentado e, depois, foi criado no palácio — exatamente como Deus havia orquestrado. O Senhor sabe o que faz! Apenas confie.

Por mais difícil que seja colocar seu Moisés no cesto, tenha paz: Ele vai voltar!

Exercitando a fé!

1 - Se você finalizou a leitura deste capítulo pensando que seu sonho é viver a maternidade, gostaria de incentivá-la a fazer a seguinte oração:

Pai, quero te dizer que as portas do meu ventre estão abertas para gerar filhos para ti. Perdoa-me pelo tempo em que achei que isso não fazia parte do teu plano para a minha casa. Creio que, no tempo oportuno, vou gerar em meu ventre o teu propósito.

2 - Agora, diga em voz alta as seguintes frases:

Eu sou fértil.

Meu ventre é lugar de vida.

Creio que minha geração será poderosa na Terra.

3 - Escreva, no espaço a seguir, a sua própria oração, em concordância com a minha. Aproveite para abrir seu coração ao Senhor e exercitar sua fé.

Declarações Proféticas!

Você foi chamada para gerar promessas. Tome posse dessa realidade e declare estes versículos bíblicos com ousadia. Orar a palavra de Deus é poderoso e eficaz!

1 *Dá um lar à estéril, e dela faz uma feliz mãe de filhos. Aleluia!*
(Salmos 113.9)

A mulher que está dando à luz sente dores, porque chegou a sua hora, mas, quando o bebê nasce, ela se esquece do sofrimento, por causa da alegria de ter gerado um filho no mundo. **2**
(João 16.21)

3 *"Acaso faço chegar a hora do parto e não faço nascer?", diz o SENHOR. "Acaso fecho o ventre, visto que eu faço dar à luz?", pergunta o seu Deus.*
(Isaías 66.9)

Este é o Deus cujo caminho é perfeito; a palavra do SENHOR é genuína. Ele é escudo para todos os que nele se refugiam. 4
(2Samuel 22.31)

5 *Agora, SENHOR, que a promessa que fizeste a respeito do teu servo e da sua dinastia se confirme para sempre. Faz conforme prometeste.*
(1Crônicas 17.23)

Chegamos ao final da segunda parte. Já entendemos como ouvir a voz de Deus, como gerar suas promessas e descansar no Senhor. Agora é tempo de meditarmos sobre as formas de permanecer na presença de Deus em tempos difíceis, e mudarmos a nossa perspectiva com relação às adversidades, enquanto esperamos pelo agir divino.

Dançando na chuva

Raquel Lima

Nossa adoração ao Senhor deve fluir por quem ele é, não pela situação em que estamos.

Prefácio

Quando vi que o tema da minha amiga Raquel para seu texto neste livro era *Dançando na chuva*, pensei: Nada melhor do que prefaciá-lo falando sobre *cantar* na chuva. E, assim, formamos uma dupla: Raquel dançando e eu, cantando. Brincadeiras à parte, esse assunto veio como uma flecha em meu coração, e eu amo ensinar sobre ele. Lembrei instantaneamente do salmo que diz:

> Às margens dos rios da Babilônia, nós nos assentávamos e chorávamos, lembrando-nos de Sião. Nos salgueiros que lá havia, pendurávamos as nossas harpas, pois aqueles que nos levaram cativos nos pediam canções, e os nossos opressores, que fôssemos alegres, dizendo: Entoai nos algum dos cânticos de Sião. *Como, porém, haveríamos de entoar o canto do SENHOR em terra estranha? (Salmos 137.1-4* , ARA, grifos da autora).

Esse é um salmo conhecidíssimo, que, em resumo, contém um lamento do povo judeu quando estava no exílio babilônico, iniciado por volta de 586 a.C. A sua autoria é desconhecida, embora a tradição judaica a atribua a Jeremias. O texto assume um tom de revolta pela condição dos filhos de Israel e de saudosismo por Jerusalém.

O Salmo 137 foi escrito da perspectiva de um dos exilados que sofreram a deportação de Jerusalém para a Babilônia. O salmista descreve os judeus às margens dos rios daquela região distante quando se lembravam de sua terra natal, sentados e chorando. Era um povo com várias festividades estabelecidas por lei, mas que, no exílio, consumidos pela tristeza, penduraram seus instrumentos musicais nos salgueiros.

Esse texto não tem por contexto histórico uma ocasião especial, uma festa ou um momento feliz. Aquele era um dos cenários mais horríveis da história de Jerusalém. A expulsão dos judeus não dizia respeito somente a um pedaço de terra, ia muito além disso! Era sobre herança, cultura, religião e estilo de vida. Você já viveu uma tempestade como essa, em que, do nada, tudo mudou? Quando ninguém imaginava que algo assim poderia acontecer, mas aconteceu?

O povo fora expulso da sua terra e estava cativo, mas não era tempo de abandonar as liras e, sim, de cantar na chuva. Porque, no meio das maiores tempestades da vida, precisamos valorizar mais a companhia do que o cenário.

Nossa adoração ao Senhor deve fluir por quem ele é, não pela situação em que estamos. O povo de Israel chorava porque se lembrava do que tinha perdido, em vez de valorizar o Deus que nunca os deixou.

Infelizmente, para alguns de nós, o modo como adoramos depende das circunstâncias. Consideram o momento em que estão vivendo, se é uma boa ou difícil estação, se estão livres ou em cativeiro, se foram abençoados ou amaldiçoados, se as condições são favoráveis ou desfavoráveis.

E, se é assim com você, preciso lembrá-lo de alguns personagens bíblicos que adoraram mesmo quando tudo ao redor não parecia coerente com a promessa que haviam recebido: Ana, que adorou no templo mesmo sem ter recebido seu milagre; Débora, que adorou em terreno inimigo; Davi, que adorou enquanto era apenas um pastor de ovelhas na casa de seu pai. O que os fazia ter essa atitude era a companhia, não o cenário.

O Diabo deseja que você perca a sua música, porque, ao adorar, você obtém força, alegria, paz e poder de Deus! Por isso que, mesmo em meio à chuva, devemos cantar, lembrando-nos de Quem está ao nosso lado.

Você pode estar na Babilônia, mas ainda é o povo da aliança; pode estar em terra inimiga, mas ainda é filho de Deus; pode estar no hospital, mas ainda é alguém por quem Jesus morreu; pode estar sozinho, mas continua sendo justificada pelo Senhor; pode estar em depressão, mas ainda é amada pelo Pai; pode estar lidando com uma oposição enorme, mas ainda é a menina dos olhos daquele que deu seu sangue na cruz por você!

Quando a chuva chegar, no meio da aflição, não pendure as liras na árvore, como fez o povo de Israel. A expressão deles significava: "Nós desistimos". Eles tinham nas mãos aquela que considero ser a arma mais poderosa para derrotar o povo da Babilônia, o louvor. Contudo, a entregaram ao inimigo. Você percebe que, no meio da aflição, só olhamos para o que não temos? No entanto, confie que Deus está lhe dizendo: "Tudo de que você precisa está nas suas mãos; não se entregue!".

Pense em Davi. Aquelas pedrinhas e a funda não poderiam matar ninguém por si sós, mas, nas mãos certas, tornaram-se uma arma poderosa. Veja Raabe. Aquele pedaço de fita vermelha não podia salvar ninguém por si só; no entanto, nas mãos certas, tornou-se uma ferramenta de livramento. Lembre-se de Jael. Aquela estaca não podia matar ninguém por si só, mas, nas mãos certas, tornou-se o instrumento de vitória de uma nação. Deus entrega o ordinário nas suas mãos para que você o adore e veja o extraordinário acontecer.

Por fím, quero falar sobre a canção mais difícil durante a tempestade, que é a canção do sacrifício. Enquanto o povo inimigo pedia que os israelitas cantassem, eles simplesmente respondiam: "Como podemos cantar a Deus em terra estrangeira?". Em outras palavras: "Como podemos cantar a Deus diante de tamanho sofrimento, dor, abandono, luto e derrota?".

Minha resposta para eles seria a mesma que dou a você que, neste momento, está se perguntando a mesma coisa. Essa canção é a mais importante e a mais difícil que você entoará na vida. Eu tive uma canção que posso nomear dessa forma, e diz o seguinte:

Esta paz que sinto em minh'alma
não é porque tudo em mim vai bem.
Esta paz que sinto em minh'alma
é porque eu amo ao meu Senhor.
Não olho as circunstâncias (não, não, não),
só olho seu amor (seu grande amor).
Não me guio por vista,
alegre estou[1]

Eu cantava muito essa música na época da maior tempestade da minha vida, enquanto minha primeira filha estava no hospital. Também a entoei muito depois que o Senhor a tomou para si. E repetir essas estrofes era o melhor que eu conseguia na época. Porém, o que considero realmente impressionante é que, para Deus, era suficiente.

---

1. Música *Esta paz que sinto em minh'alma*, da Igreja Cristã Maranata.

Não por estar preenchida da entonação certa, mas por estar preenchida com fé.

Deus sabia de todos os meus sentimentos, conhecia o meu coração e via que, ainda assim, eu cantava em meio à chuva. Eu era uma filha orando a um Pai, chamando à existência a realidade que não estava à minha frente, apenas para entregar um sacrifício de adoração.

Finalizo compartilhando a história do rei Josafá. No momento mais difícil da sua vida, a Bíblia diz que, quando uma multidão de inimigos se aproximava, ele parou com todas as estratégias humanas de batalha e começou a buscar ao Senhor junto à nação, jejuando, adorando e clamando. Então, Deus lhes respondeu: "Vocês não precisarão lutar nesta batalha. Tomem posições, permaneçam firmes e vejam o livramento que o SENHOR dará [...]" (2Crônicas 20.17).

O Onisciente estava lhe mostrando que ele travaria a batalha, e cabia ao povo apenas executar três passos. Primeiro, tomar posição de adorador. Segundo, permanecer firme, sem desistir. Terceiro, contemplar o livramento, que só é possível para quem entrega o sacrifício.

E o que aconteceu? Um dia antes da batalha, confiante na promessa de que não precisaria lutar, Josafá convocou os levitas para adorarem o Altíssimo. No dia do conflito, o exército saiu de encontro dos seus adversários com cantores que adoravam à frente dos soldados armados. Por fim, a promessa se cumpriu: Os inimigos mataram-se uns aos outros e Judá, mesmo sem lutar, voltou triunfante e cantando.

Assim como o exército de Josafá adorou antes da guerra, no dia da batalha e depois que ela acabou, assim também precisamos seguir: Adorando, cantando e dançando, mesmo em meio à chuva.

— Thalita Pereira

Pastora sênior na Igreja do Amor, esposa de Arthur e mãe de três princesas: Sarah, Laura e Helena.

1

Dançando na chuva

Minha irmã,
creia que o Senhor
se lembrará de
você e atenderá
suas orações!
Afinal, ele pode
transformar a
estéril em mãe de
filhos!

O título deste capítulo tem a ver com a minha vida. Desde muito nova, aprendi literalmente a "dançar na chuva". Explico: Eu amo o tempo chuvoso. É bom para dormir, comer, ler, assistir a um filminho e tantas outras coisas. Na minha infância, uma cena me marcou. Estávamos voltando da igreja após um culto poderoso. Minha família e eu estávamos arrumados, conversando e alegres, caminhando em direção ao ponto de ônibus, quando uma chuva de verão nos pegou de surpresa no meio do caminho. Todos correram para tentar se proteger, chateados por se molhar. Mas sabe o que eu fiz? Comecei a pular e agradecer a Deus por aquela chuva. Sério! Eu estava muito feliz por tudo aquilo, mesmo sem ter noção de como seria o "pós-chuva".

Quando falo sobre dançar na chuva, refiro-me àquele dia em que você não está preparada para enfrentar uma tempestade, mas sabe agir de forma positiva quando ela chega. Pense comigo: Você toda linda, produzida e arrumada e, quando está quase chegando ao destino, vem uma tempestade *inesperada* e acaba com tudo, com seu penteado, maquiagem, sapatos e compromissos. Mas, em vez de se sentar na calçada e chorar, ou começar a murmurar, sabe o que Deus quer que você faça? Que comece dizendo algo como: "Já que estou aqui e não posso fazer a tempestade parar, eu vou mesmo é aproveitar!".

Vivi alguns momentos em que precisei dançar na chuva, e essa atitude foi um divisor de águas. Experimentei a dor do luto de três pessoas que amava muito: meu avô, minha avó e meu pai — sendo este, além de pai, meu pastor, profeta e amigo. Meu pai era a pessoa que eu mais admirava, aquele que orava por mim, liberou palavras proféticas sobre minha vida e sempre acreditou na missão que me foi confiada. Quando Deus o levou, senti como se tivesse levado também tudo o que o Senhor falou a meu respeito. Foi uma dor terrível, a pior que já senti na vida. Então, precisei aprender a dançar na chuva.

Naquele tempo, descobri que o Deus dos meus pais também desejava ser o meu Deus e, principalmente, meu Pai celestial, aquele para quem eu ainda não tinha me aberto verdadeiramente. Foi durante a pior dor da minha vida que aprendi que servos de Deus também ficam deprimidos; que quem recebe promessas também está suscetível à morte; e que relacionamento com Deus é igual voto: pessoal e intransferível.

Na tempestade, descobrimos que, diante dela, só temos uma opção: sentar-nos e murmurar, ou levantarmos para desfrutar. Diante dessa afirmação, alguns podem pensar: "Mas, desfrutar da dor?". E eu respondo: Sim, da dor! Nela, ou crescemos, ou desaparecemos. Em meio ao sofrimento, compreendi que nenhuma dor pode ser capaz de alterar a minha essência. Dançar na chuva é muito mais do que provar alguma coisa ao Inimigo ou aos outros. Em vez disso, provamos a nós mesmas que, independentemente do momento que vivemos, nada e nem ninguém roubará a convicção de que aquilo que não é eterno passará.

Esse pensamento me faz lembrar das inúmeras vezes na vida em que estamos lutando, trabalhando, sonhando, projetando, amando e, "do nada", a tempestade da vida nos alcança. Enquanto escrevo este texto, o Espírito Santo me lembra da história de alguém que eu amo na Bíblia: José. Ele era um dos filhos de Jacó, o descendente tão sonhado de Raquel. Aquela mulher maravilhosa não podia ter filhos, mas as Escrituras dizem que o Senhor se lembrou dela e decidiu abrir a sua madre.

Minha irmã, creia que o Senhor se lembrará de você e atenderá suas orações! Afinal, ele pode transformar a estéril em mãe de filhos! E só existe uma forma de aguentar a tribulação e vencer como uma guerreia de oração: crendo em Deus! Sim, parece óbvio e simples demais, mas o fato é que, na teoria, crer é extremamente mais fácil do que colocar a fé em prática. Quando a Bíblia fala sobre tudo ser possível ao que crê (cf. Marcos 9:23), ela não está dizendo que Deus fará tudo o que acreditamos, mas sim tudo o que verdadeiramente precisamos. Tudo é possível para quem crê em Deus. Estando nele, você é capaz, pois ele é o "tudo" de que você precisa.

Raquel engravidou e, quando o bebê nasceu, ela lhe pôs o nome de José, que significa: "Que o Senhor me acrescente outro". Com isso, ela estava dizendo: "O fato de eu ter esperado tanto tempo não me fez desistir de viver outros milagres. Eu sou grata, mas não conformada, pois sei e acredito que o Deus que me favoreceu uma vez pode fazê-lo novamente".

Amiga, isto é para você: Deus pode e quer fazer de novo! Não se limite apenas a esse testemunho, como se o Senhor fosse o "gênio da lâmpada" que lhe dá direito a três pedidos e, encerrando os três, você não pudesse pedir mais nada. O seu Salvador não é assim! Ele não se limita em seu ímpeto de amar, cuidar e abençoar! Não desanime e continue a perseverar. Para isso, você deve alimentar a sua fé, e ela não pode ser nutrida com fofoca, inveja, preguiça, vitimismo e autocomiseração; fé se alimenta com atitude. Decida ter uma vida de oração, leitura da Palavra e jejum. Comece a se portar como se já estivesse vivendo o dia do seu grande testemunho. Comporte-se como se a sua atual tempestade já tivesse passado, dando lugar a um céu azul e um dia ensolarado. Além disso, esteja ao lado de pessoas que andam com Deus, pois quem caminha com Deus se parece com ele.

Comece a se portar como se já estivesse vivendo o dia do seu grande testemunho.

2

Entregue tudo

Adorar a Deus quando a vida vai bem revela o quanto eu sou grata, mas glorificá-lo quando tudo vai mal revela o quanto eu confio nele.

O milagre de Raquel cresceu. José, então, foi ajudar os irmãos a cuidar dos negócios da família e a tomar conta das ovelhas. A Bíblia diz que seus irmãos o invejaram pelo fato de seu pai o amar mais do que a eles. Uma vez, ouvi a pastora Talitha Pereira dizer algo de que nunca mais me esqueci: "Deus não tem filhos preferidos, mas tem filhos que o preferem". O pai tinha um amor diferente por José por ele ser o filho da sua velhice, ou seja, um improvável. Não era para ter nascido, mas nasceu!

No entanto, Jacó não o amava apenas por isso, mas também porque José fazia questão de honrar todo amor e confiança que recebia. Agindo assim, não teve como o pai tratá-lo de outra forma senão com a mesma medida de honra.

O texto diz que Jacó deu uma túnica colorida para José. Quando os irmãos a viram, o odiaram ainda mais, a ponto de não conseguirem lhe dirigir palavra. Até que, um dia, José teve um sonho e decidiu compartilhá-lo com os irmãos. Sabe o que aconteceu? Eles o odiaram ainda mais! Viraram para José e, desavisadamente, lhe disseram exatamente quem ele viria a se tornar no futuro. Porque na vida é assim, quem está à sua volta acha que sabe muito mais acerca do destino que Deus tem para você do que você mesmo!

Os irmãos lhe disseram: "Por acaso, você será nosso governador? Vai nos dominar?" A Bíblia diz que o odiaram ainda mais por causa dos seus *sonhos* e das suas *palavras* (cf. Gênesis 37.5-8). Consegue perceber que o problema dos irmãos não era com o que José fazia, mas com quem ele era? Aquele rapaz era diferente, escolhido, um milagre ambulante. Ele irritava pelo simples fato de estar vivo.

Quer um conselho do Céu? Pare de tentar convencer as pessoas de que você precisa ser amada por elas. Não, você não precisa ser amada por quem não a suporta. Isso não é uma demanda sua, pois o problema delas em relação a você é pelo simples fato de você estar viva. *Não dá!* E quer ouvir a verdade? Você irrita mesmo! Irrita o Inferno e, como o Cão não se materializa, ele usa um corpo desocupado. Você irrita por não se deixar ser vencida, incomoda porque tinha todas as desculpas do mundo para desistir, mas permaneceu. Irrita porque, se dependesse das dores que já viveu durante toda a vida, não era nem para estar aqui, mas... olhe você aí! Mesmo que cansada ou, por vezes, sem forças, *olhe você aí!*

Em vez de se diminuir e deixar Satanás convencê-la de que essa tempestade veio para roubá-la do propósito e do compromisso, comece a dançar nela. Tire uma lição dessa dor e força da sua fraqueza, e você verá quanto crescerá.

Ei, José, *resiliência* é seu sobrenome! O significado dessa palavra tem a ver única e exclusivamente com você, pois, segundo os dicionários, resiliência é a propriedade que alguns corpos apresentam de retomar a forma original após terem sido submetidos a uma deformação física. *Uau!* Essa é você.

Quando vem uma tempestade na forma de luto, violência (física ou verbal), traição, abuso, enfermidade, abandono, dor ou o que for, seu corpo é esticado, estirado, a ponto de você sentir dor na alma. Porém, você precisa entender que está no seu DNA espiritual *resistir*, retornar à forma original, voltar a ser e fazer aquilo que nasceu para fazer — afinal, tudo o que o Inimigo quer é roubar sua identidade. Tudo o que ele quer é fazê-la acreditar que essa situação veio para matá-la.

Logo, ele quer que você desista antes mesmo de tentar. Por isso, se você tem sido tentada emocionalmente e sente que Satanás quer roubar sua alegria e satisfação, é tempo de começar a viver em dobro. Se tem orado, é bom que ore mais. Se está jejuando, jejue ainda mais. Medite na Palavra com mais intensidade. Entregue-se e adore mais ao Senhor. Muitas vezes, esperamos sentir primeiro para depois fazermos o que precisa ser feito, mas o que precisa ser encucado em nossas mentes é que a alegria não é um sentimento, mas uma decisão. A Palavra diz que a alegria do Senhor é a nossa força (cf. Neemias 8.10). Por isso, a nossa alegria revela o quão verdadeiramente dependemos de Deus.

Glorificar a Deus em meio aos momentos de dificuldade é entender que ele está no controle mesmo quando nós não estamos. Adorar a Deus quando a vida vai bem revela o quanto eu sou grata, mas glorificá-lo quando tudo vai mal revela o quanto eu confio nele. A melhor declaração de amor que posso dar a Deus, juntamente à obediência aos seus decretos, é a de correr para os seus braços constantemente, entendendo que este é o melhor lugar para se estar.

Talvez você realmente esteja enfrentando uma tempestade. Enquanto a enfrenta, preciso que entenda algo de uma vez por todas: Não é possível alterar o pensamento dos seus irmãos a seu respeito, mas você pode mudar a maneira como se comporta diante deles. Por isso, entregue tudo nas mãos do único que pode socorrê-la. O nosso Deus é especialista em mudar toda e qualquer perspectiva.

Você pode consultar ao Senhor a fim de saber exatamente o que e como fazer, e esteja aberta para ouvir os seus "nãos" — muitos dos nossos desgastes estão relacionados a posturas e decisões que tomamos sem consultarmos a Deus, ou em desobediência ao seu direcionamento. Todas as vezes em que fiquei esgotada foi por um "não" de Deus que não quis ouvir. Ele não nos nega algo porque deseja nos ver sofrendo; pelo contrário! É por amor a nós. Em Deus, você encontrará absolutamente tudo de que precisa. Por isso, decida abrir mão de lugares, planos e pessoas que não estão de acordo com a vontade divina para você, e verá as situações mudando.

Obedecendo à ordem de seu pai, certo dia, José foi ao campo levar notícias aos seus irmãos. No entanto, assim que o viram, disseram entre si: "Aí vem o tal sonhador!" (cf. Gênesis 37.9). O que acho lindo nessa parte é que, dessa vez, o rapaz estava sendo conhecido pelo seu propósito! Isso mesmo! Da mesma forma, creia que você não será conhecida pelas dores que experimentou, mas pelo propósito que carrega.

Enquanto José caminhava em direção aos irmãos, eles arquitetaram um plano para matá-lo, pois achavam que só assim poderiam impedi-lo de viver seu sonho. Contudo, um dos irmãos de José, Rúben, não permitiu que o plano foi concluído e deu a ideia de o jogarem na cisterna, livrando-o da morte. E assim fizeram.

Ouso dizer que José dançou no poço, pois a Bíblia não diz em nenhum momento que seus ossos se quebraram ou que ele morreu. Ei, amiga, exprima gratidão com seus lábios! Você pode estar enfrentando uma das piores fases da vida, mas está viva! Pode estar no poço, mas está viva! Pode estar chorando, mas está viva! As coisas podem não estar andando como você gostaria, mas você está viva! E, enquanto estiver viva, há jeito, há chance, é possível voltar à sua vida normal, sorrir de novo, dançar de novo. O Deus que lhe permitiu chegar até aqui não a abandonará, pois ele é com você e a levantará de novo!

José saiu do poço e foi vendido como escravo para mercadores que seguiam para o Egito. Chegando lá, ele se tornou servo de Potifar, um alto funcionário do governo. O rapaz foi excelente no que fazia, destacando-se no local em que chegou. Na casa daquele homem, José desenvolveu a habilidade de governar, superar e compreender as questões da vida. Ele desenvolveu o entendimento de que a vida é dividida em fases quando, mesmo sendo preso sob falsa acusação, conseguiu interpretar sonhos na prisão, entendendo que o lugar onde estava não podia limitar quem ele era.

Você vai mesmo deixar o lugar em que está limitar quem você é? Vai permitir que o que lhe fizeram mate a esperança do seu coração?

Após dois anos, diz a Bíblia, lá estava José sendo quem ele era, interpretando um sonho, só que, desta vez, não era mais na prisão, mas no palácio — e o sonho era do faraó. Sempre que você decide persistir em manter viva a chama da esperança em seu coração, se ela estiver de acordo com a vontade de Deus, ele a transicionará a lugares a que você nunca imaginou. Busque discernir o querer do Senhor e, ao se adequar a ele, creia que o Todo-Poderoso fará uma transição em seu ministério, sua vida e seus sonhos. Assim, os lugares desfavoráveis ficarão para trás.

Não podemos ignorar os problemas, mas precisamos descansar em Deus. Quando penso em "dançar na chuva", entendo que isto não significa desconsiderar os prejuízos que a tempestade trouxe consigo, mas é ter a esperança de que ela não é eterna e, portanto, passará! Por esse motivo, enquanto a tormenta não acaba, decida desfrutar.

José não ficou andando pelos cantos da casa de Potifar, bancando a vítima para que todos sentissem pena. Ele fez do limão uma limonada. Em vez de enxergar a casa de Potifar e a prisão como lugares de humilhação, encarou-os como um centro de treinamento; uma oportunidade dada por Deus para proporcionar o seu crescimento.

Conselho de amiga: enxergue a sua dificuldade atual como uma maneira de ser aperfeiçoada. Olhe para o seu obstáculo com a perspectiva divina, e, assim, será capaz de adquirir contentamento mesmo quando, aparentemente, não houver uma solução.

José não esperou chegar para ser; ele era, apesar do ambiente onde estava. Aquele homem "dançou na chuva" na casa dos seus pais, na cisterna, na residência de Potifar e na prisão e, por isso, o Senhor decidiu por sua graça derramar sobre ele bênçãos no palácio. Minha irmã, faça do caos uma oportunidade de crescer e amadurecer, para, então, viver o que o seu Salvador tem para você. O palácio é apenas uma confirmação de que o Senhor que a fez sonhar também a sustentará até o dia do cumprimento da promessa.

Peço a Deus que ele lhe conceda a mesma alegria que me visita todos os dias. Rogo ao Senhor que afaste de você toda nuvem de tristeza e incerteza. Que ele elimine toda ansiedade exacerbada que tem roubado a sua paz. Sim, eu creio que o Eterno a fará sorrir!

Não é em todos os dias que acordo com razões palpáveis para sorrir. Contudo, os meus bons motivos invisíveis sobrepõem tudo isso. Deus me ama, cuida de mim e tem me guardado dos ataques do Adversário. Não há nada no mundo que justifique tudo de bom que ele tem feito, mesmo sem eu merecer!

Olhe para o lado, ignore tudo o que ainda está errado e agradeça pelo que já deu certo! Lembre-se de que toda chuva é passageira, mas o cuidado dele sobre nós é *eterno!* Vai passar! O sol vai brilhar de novo e haverá festa outra vez. Porém, enquanto esse dia não chega, siga os ensinamentos do Pai!

PARA NÃO SE ESQUECER

Dançar ou cantar na chuva é *decidir* que a realidade ao seu redor não influenciará o seu dia, a sua semana, o seu ano e a sua vida como um todo. Dançar na chuva é transformar um limão em uma limonada ou uma mousse, e ainda guardar a outra metade para temperar a salada (risos). É muito mais do que provar para o Inimigo ou para os homens o quanto você pode, em Cristo; é provar para si mesma que você *decidiu* viver e ser quem Deus quer que você seja.

Então saia do lugar de vítima e assente-se na cadeira de filha de Deus. A palavra do Senhor revela sua verdade ao nosso respeito, e precisamos decidir, de uma vez por todas, confiar no que ele afirma. Para isso, devemos crer no que Deus diz, em vez de nos basearmos somente no que os outros falam. As pessoas fazem declarações fundamentadas em suas próprias experiências, e pensam que, ao proferir suas sentenças, podem definir nosso futuro. Mas este não é o decreto de Deus. Por isso, coloque as lentes da Palavra e enxergue-se como Deus a enxerga! Ele não a vê como órfã, divorciada, violentada, traída, desprezada; ele vê você como filha amada, perdoada, abençoada, valiosa e comprada por um alto preço. Não enxergue a si mesma com os olhos da dor e do passado, mas com os olhos de Deus.

Levante-se, menina, mulher, e prove para você mesma que essa tempestade não veio para matá-la, mas para deixá-la mais forte. Ainda há muita coisa para você viver! Nunca se esqueça de que, por trás desse céu nublado, há um lindo Sol brilhando. O dia mau vai passar! E, quando passar, você voltará a sorrir, cantar e sonhar de novo.

Exercitando minha fé!

Responda **mentalmente** às perguntas a seguir.

1. **Quais dores do passado impedem você de viver os sonhos de Deus?**
2. **Qual era o seu sonho antes de experimentar a dor, a decepção ou a perda que está enfrentando?**
3. **O que você está decidida a fazer hoje para que essa situação seja transformada?**

Declarações Proféticas!

É tempo de dançar na chuva, então prepare-se para guerrear na tribulação ao declarar os versículos abaixo. Deus ouve aquele que chama por ele!

1 *Sabemos que todas as coisas contribuem juntamente para o bem de todos aqueles que amam a Deus, dos que foram chamados de acordo com o seu propósito.* **(Romanos 8.28)**

O próprio SENHOR irá à sua frente e estará com você; ele nunca o deixará nem o abandonará. Não tenha medo! Não desanime! **(Deuteronômio 31.8)** 2

3 *Não fui eu que ordenei a você? Seja forte e corajoso! Não se apavore nem desanime, pois o SENHOR, o seu Deus, estará com você por onde você andar.*
(Josué 1.9)

Meus irmãos, considerem motivo de grande alegria o fato de passarem por diversas provações; assim, vocês saberão que a prova da sua fé produz perseverança. No entanto, a perseverança deve ter ação completa, a fim de que vocês sejam perfeitos e íntegros, sem que lhes falte coisa alguma. 4
(Tiago 1.2-4)

5 *Por isso, não tema, pois estou com você; não tenha medo, pois sou o seu Deus. Eu o fortalecerei e o ajudarei; eu o segurarei com a destra da minha justiça.*
(Isaías 41.10)

Finalizamos a terceira parte e podemos prosseguir para a última etapa deste lindo processo com Deus: o tempo de receber o novo. Precisamos ouvir aquilo que Deus diz, gerar suas verdades e promessas em nós, perseverar nas adversidades e, então, abrir o coração para a novidade em nossas vidas. Seja bem-vinda ao tempo de viver o novo de Deus!

Rompendo para viver o novo

Gabriela Lopes

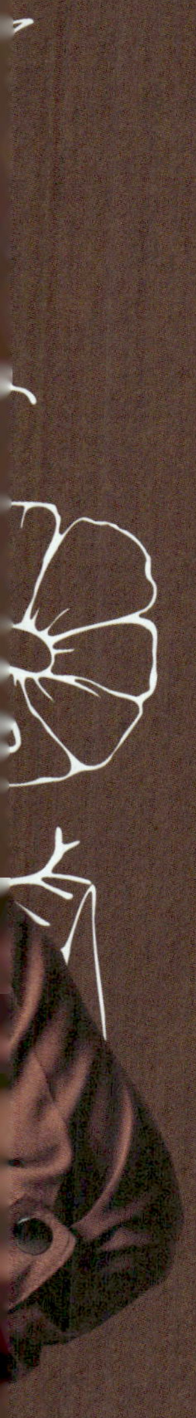

Você não nasceu para este mundo, mas para o Senhor, a fim de ser um instrumento poderoso dele na Terra.

Prefácio

Viver o novo não significa desprezar o que um dia você viveu, mas entender que, na medida do seu avanço, o que ficou para trás serviu para aquele tempo. Para viver o novo, será preciso romper com o velho e estar aberto às novidades. Apenas rompendo podemos vencer, e chamo isso de crescimento! A vida é um processo constante de crescimento, que gera mudanças — essa é ordem natural da vida.

Esse processo já começa na concepção, quando um indivíduo passa a se desenvolver no ventre da mãe. O novo ser cresce e toma forma, até chegar o momento de vir ao mundo. Assim, aquele lugar em que foi gerado passa a não mais suportar o seu tamanho. No entanto, o seu desenvolvimento precisa continuar. É quando a bolsa se rompe e um trabalho desconfortável e doloroso de parto se inicia.

Não conheço lugar mais seguro para um ser humano do que o útero de uma mãe; porém, ele só suporta o bebê até certo ponto. Permanecer no ventre não é opcional, porque aquele ser foi gerado para crescer. Ficar ali vai contra a lei natural da vida, e só é possível continuar o crescimento fora do lugar que, um dia, foi abrigo, segurança e proteção.

Para que a criança nasça, a mãe passará por um processo de muita dor. Perceba que romper para o novo nunca será um processo sem desconforto. Tenha isso em mente, pois essa falta de conforto não ocorre em vão, mas tem como objetivo o nascimento e as muitas alegrias que o bebê proporcionará. Basta perguntar a uma mãe que acabou de passar pela experiência do parto qual foi o sentimento de ter nos braços alguém que lhe provocou dores intensas.

Quer desfrutar de novas e surpreendentes alegrias? É tempo de crescer, e crescer dói, mas gera recompensas. Nasce uma pessoa, nasce uma missão. Deus tem planos para você! O seu nascimento tem um propósito real, pois deu início a um ser que viverá rompendo em cada fase para um destino nobre, que envolve revelar, em todas as suas atitudes, o Pai — aquele que a formou de modo admirável, como diz a Bíblia: “Pois tu formaste o meu interior, tu me teceste no seio de minha mãe. Graças te dou, visto que por modo assombrosamente maravilhoso me formaste; as tuas obras são admiráveis, e a minha alma o sabe muito bem” (Salmos 139.13-14, ARA).

Davi sabia dessa verdade, e é exatamente isso! Você é uma obra que está sendo forjada e moldada por Deus para expressar e revelar o caráter divino. Este é o propósito do nascimento de toda pessoa, que ela cresça até alcançar a estatura de Cristo. O Inimigo sabe disso! Por isso, você é uma ameaça para o mundo. Uma vida que busca desenvolver o caráter de Cristo gera frutos e, claro, alegra o coração do Pai.

Você não nasceu para este mundo, mas para o Senhor, a fim de ser um instrumento poderoso dele na Terra. Por causa do Inimigo e do pecado, não há como viver a plenitude de Deus sem dor, sem romper para o novo, sem se libertar da carne e de todas as influências que podem limitar você. É preciso não se conformar com este mundo, a fim de viver a boa, agradável e perfeita vontade de Deus. Se você está em Cristo, então é uma ameaça para o mundo e, à medida que amadurece, cresce para um propósito que irrita Satanás.

Agora que sabe para o que foi destinada a viver, que tal irritar o Inimigo de forma intencional e proposital? Como? Decidindo romper com tudo o que não coopera com o propósito divino para a sua vida. Mas isso requer confiança no plano que Deus tem para você. Eu garanto que não há contentamento maior! Aqueles que desfrutam da verdadeira alegria são os que cumprem a sua missão; e cumpri-la é se realizar!

Você se sente uma pessoa realizada? Ou ainda tem insatisfações e conflitos? Isso apenas mudará quando você decidir romper. A decisão está nas suas mãos! Deus deseja transformar a sua vida, mas ele não vai impor isso. A Palavra divina para você hoje é esta:

> Eu sou o SENHOR, o vosso Santo, o Criador de Israel, o vosso Rei. Assim diz o SENHOR, o que outrora preparou um caminho no mar e nas águas impetuosas, uma vereda; o que fez sair o carro e o cavalo, o exército e a força — jazem juntamente lá e jamais se levantarão; estão extintos, apagados como uma torcida. Não vos lembrei das coisas passadas, nem considereis as antigas. Eis que faço coisa nova, que está saindo à luz; porventura, não o percebeis? Eis que porei um caminho no deserto e rios, no ermo (Isaías 43.15-19, ARA).

Não percebeu ainda que não há como fugir?

Não perca mais tempo! Rompa! Rompa como se seu futuro dependesse disso!

— Rachel Malafaia

Líder de mulheres na Assembleia de Deus Vitória em Cristo (ADVEC), na Taquara (Rio de Janeiro). É casada com o pastor Silas Malafaia Filho e é mãe de Hadassah e Silas Neto. Ministra louvores desde a adolescência e prega a Palavra de Deus a fim de edificar e motivar outras mulheres a viverem o seu propósito com intencionalidade e integridade.

Nota da autora

Acessar o novo gera muitos desconfortos. Vivemos tempos difíceis, repletos de desafios e incertezas. Distrações sociais querem nos ditar valores, como impor o que devemos comer, como nos vestir e o que falar. Em meio a esse cenário, perguntamos: Como será o futuro?

Precisamos caminhar por fé, como fez o patriarca Abraão, que, aos 75 anos, já experiente na vida, mas inexperiente no que tange a trilhar rotas do mundo espiritual, aceitou o desafio de andar por promessas.

Independentemente do cenário em que você se encontra, em determinado período, creia que algo vai acontecer!

Abraão andou com essa expectativa e fé. E, quando cremos assim, as circunstâncias se dobram diante da promessa de Deus. Eu tenho experimentado isso na minha vida. Meu casamento é um grande testemunho disso. Eu me casei aos 30 anos, depois de muito tempo de espera. Em muitos momentos, cheguei a pensar que meu sonho de construir uma família fora esquecido por Deus. Mas o Senhor me uniu ao meu marido e fez com que frutificássemos no ministério, apesar de sermos duas pessoas que carecem de sua misericórdia. Com isso, pude verdadeiramente dizer adeus para as dores do passado e finalmente experimentar o novo.

Independentemente do cenário em que você se encontra, em determinado período, creia que algo vai acontecer!

1

O desconforto de romper

É possível que
Deus a distancie de
todos aqueles que
poderiam ajudá-la,
a fim de que
compreenda que
ele quer conduzi-la
a depender única
e exclusivamente
dele.

Ajuste a sua rota e alinhe o seu estilo de vida à nova fase. Isso não é uma tarefa fácil, uma vez que é um convite para mudança de estado e de condição. Abraão saiu da sua terra e parentela não em busca do que desejava, mas ousando seguir a voz de um Deus que fala e direciona. A ordem foi: "[...] Sai da tua terra, da tua parentela e da casa de teu pai e vai para a terra que eu te mostrarei" (Gênesis 12.1, ARA).

Romper com a terra, com a parentela e com a casa dos pais é uma decisão muito difícil, porque envolve diversos âmbitos da nossa estrutura — inclusive, quem aprendemos a ser. "Sair" da terra fala sobre romper com a cultura local. Pessoas são moldadas por ambientes e, enquanto os ambientes destrutivos podem destruir pessoas, os construtivos as constroem.

"Sair" é verdadeiramente deixar de fazer parte de um ambiente. Não como o povo hebreu, que saiu do Egito fisicamente, mas continuou carregando os costumes daquela nação dentro de si. Não! Você não precisa dar voltas em um deserto para ser liberto dos costumes de que Deus quer que você se livre. É fácil? Não! Mas também não é impossível! Contudo, quando olhamos ao redor, percebemos que todas as pessoas são "construídas" por seus ambientes, sejam familiares ou culturais. A pergunta é: Em quem nos espelhar? De quem aprender? Há uma pessoa que não é presa a nenhum limite territorial, mas é livre e caminha com você todos os dias, chama-se Espírito Santo. Creia que o Espírito Santo deseja lhe ensinar a ser o "novo você" no padrão que o Céu estabeleceu.

"Sair" do meio da parentela significa romper com os conflitos geracionais que envolvem aquela linhagem. Em outras palavras, é deixar de lado os conflitos, as guerras e as confusões da família e assumir a sua própria história. Se você não tomar cuidado, começará a repetir o comportamento que viu durante toda a infância ente os parentes: se era um ambiente de guerra, a tendência é que você comece a criar essa mesma atmosfera onde estiver para se sentir "em casa". Pessoas que não entendem por que vivem sempre em conflito precisam se questionar se não estão repetindo inconscientemente um padrão familiar. Rompa com isso!

Para compreender quais são estes ciclos geracionais que lhe impedem de viver o novo, é preciso reconhecer seus erros, pois uma realidade que não é reconhecida não pode ser transformada. Agindo dessa forma, seremos capazes de interromper comportamentos ruins que temos o costume de repetir inconscientemente. Admita que existe um problema, ore, mude suas atitudes e rompa com os laços do passado, a fim de andar livremente e ser um instrumento de benção para as próximas gerações.

"Sair" da casa dos pais é romper com emoções que trazem memórias e, às vezes, se tornam prisões. Precisamos ser a continuidade geracional dos nossos pais, mas podemos romper com os limites deles. Não somos uma cópia da falência deles; podemos ir além. Não é porque seus pais foram frustrados em determinada área que você também será. Você pode "sair" desse ciclo para viver o novo. É basicamente dizer ao fator determinante do futuro: *"Eu não sou guiado por você!"*, mesmo que ele já tenha lhe sentenciado a ser igual.

É preciso suportar o processo. Algumas vezes, você tentará buscar "braços" de ajuda, porém, é possível que Deus a distancie de todos aqueles que poderiam ajudá-la, a fim de que compreenda que ele quer conduzi-la a depender única e exclusivamente dele.

A nova estação é um processo em que Deus nos apresenta o inédito para nos conduzir a níveis mais altos. Acredite, a passividade é um dos maiores inimigos na vida de todo aquele que deseja crescer. Antes de seguir em frente, pense um pouco nos "muros" que o Senhor já derrubou para que você soubesse que ele estava presente em sua vida e aprendesse a confiar nele. Agora, considere também os outros "muros" que você precisa se esforçar para derrubar na dependência e força dele.

Eu creio que, assim como Abraão, você resolverá e *se* resolverá. Não estou brincando com as palavras. Saber fazer escolhas e tomar decisões nos torna pessoas bem resolvidas. E quem é resolvido rompe com a inércia, a paralisação, a distração e a inconstância.

Para construir uma grande história de obediência e fidelidade a Deus, é preciso começar com pequenos passos de dedicação e rigor. Quem lê o episódio em que Abraão leva Isaque para ser sacrificado no Moriá isoladamente, pode pensar que este grande passo de obediência radical foi o começo de sua trajetória, e isso gera uma comparação injusta. Como seremos obedientes como Abrãao? Conhecendo a história completa! Uma grande história de obediência começa com a nossa fidelidade aos pequenos direcionamentos de Deus. Antes de oferecer o seu próprio filho como sacrifício, Abraão teve de deixar a própria terra para seguir a voz do Senhor, mesmo sem saber para onde seria levado.

Para construir uma grande história de obediência e fidelidade a Deus, é preciso começar com pequenos passos de dedicação e rigor.

2

Moldando as estruturas

O novo desafia, assusta e é desconfortável! Mas Deus está convidando você a trocar de odre sem medo, a fim de ficar pronta para a recepção do vinho novo.

O novo assusta. Afinal, para que se possa vivê-lo é necessário enfrentar uma modificação completa de estrutura. Eu experimentei isso quando precisei negar o meu sonho de ser jornalista esportiva para me dedicar ao ministério e seguir a palavra que Deus havia me entregado. Passei parte da minha vida sonhando com esse trabalho na área da comunicação. Eu poderia, sim, encontrar uma forma de conciliar a vida profissional e o ministério, mas eu sabia que Deus me pedia algo integral, e eu concedi ao Senhor aquilo que me foi requisitado. A vida com Deus é feita do quanto temos coragem de deixar por amor a ele. Eu renunciei meu sonho, mas hoje vivo coisas muito maiores, para a glória de Deus, e não me arrependo de ter deixado para trás as minhas vontades a fim de viver as dele.

Veja o que Jesus disse:

> Ninguém põe remendo de pano novo em veste velha, porque o remendo tira parte da veste, e fica maior a rotura. Nem se põe vinho novo em odres velhos; do contrário, rompem-se os odres, e derrama-se ovinho, e os odres se perdem; mas põe-se vinho novo em odres novos, e ambos se conservam (Mateus 9.16-17, ARA).

Cristo disse essas palavras quando os seguidores de João Batista lhe perguntaram por que os seus discípulos não jejuavam como eles e os fariseus. Jesus usou essa história para ensinar-lhes o molde da Nova Aliança, que não cabe na estrutura da velha (a Antiga Aliança).

Aqueles homens levantaram questionamentos acerca do jejum a partir das tradições judaicas e seus rituais. Então, o Senhor deixou claro que aquela prática (muito importante) não deveria ser feita com uma motivação errada. Todavia, o que está implícito dentro dessa explicação é: *Não tentem enquadrar os planos do eterno Deus nos moldes de vocês.*

Como isso se aplica à nossa vida! Muitas vezes, estamos repletos de "achismos" e "moldes" acerca do tamanho de Deus que foram herdados ou aprendidos. Isso acontece porque vivemos experiências que validaram nosso pensamento. É quando o Todo-Poderoso vem com um vinho completamente novo, nunca experimentado, e nos diz que ele tem uma direção inédita para nós, que nos levará a descobrir o real tamanho do seu poder.

E como ficamos diante disso? De que forma recebemos o novo, se já estamos tão acostumados com o odre sempre usado? Afinal, foi naquele odre que um dia recebemos o vinho que nos alegrou. E agora? Como entender e expandir a mentalidade a ponto de perceber que o que nos trouxe até aqui não será o que nos levará até lá?

Toda estrutura da Antiga Aliança (rituais, profetas, profecias, moldes etc.) só faz sentido se você for aperfeiçoada pela razão da *Nova* Aliança: *Jesus*. Toda a história se resume a *uma* pessoa! O Evangelho não é sobre uma religião, mas sobre uma *pessoa!*

Embora se goste do "mistério", mais profundo ainda é perceber que ele foi revelado. Não está mais por trás de um pano ou de um ritual, mas está explícito! Vivo! E se move entre o povo!

> O mistério que estivera oculto dos séculos e das gerações; agora, todavia, se manifestou aos seus santos; aos quais Deus quis dar a conhecer qual seja a riqueza da glória deste mistério entre os gentios, isto é, Cristo em vós, esperança da glória (Colossenses 1.26-27, ARA).

Paulo deixou claro que o Livro (Jesus) foi aberto, a página foi revelada e o véu foi removido. Porém, os judeus estavam querendo se comportar como se ainda estivessem em um molde que já não era mais o real.

Deus tem me inquietado *muito* a entender os tempos das suas manifestações e as suas exigências. Você e eu somos filhas deste tempo e nascemos nesta geração por um motivo. Você nasceu no ano em que nasceu para um propósito dentro da cronologia de sua vida. Não adianta ser "filho de um tempo" e estar agarrado a outro. Por isso, precisamos estar sensíveis às mudanças e direções que Deus aponta. No deserto, a ordem era para que o povo seguisse a nuvem e andasse somente quando ela se movesse. Da mesma forma, devemos entender o tempo certo de Deus e seguir seus comandos, sem desviar os olhos do Senhor. Se é tempo de parar, não se preocupe, você não ficará atrasada. Se é tempo de andar, obedeça. O medo de perder tempo pode nos atrapalhar no caminho. Mover-se juntamente com o Senhor é nunca se atrasar nem perder a hora. Deus tem o tempo perfeito para cada coisa.

Por exemplo, eu, como uma pregadora do Evangelho, me inspiro também no ministério do apóstolo Paulo. Que grande referência para nós! Entretanto, no tempo dele, para se locomover de um lugar a outro gastava-se muitos dias, até meses, pois se fazia isso a pé, no lombo de um animal ou por embarcações. Suponhamos, então, que, dentro dessa inspiração, eu diga: "Farei o mesmo que ele. Nada de avião. O apóstolo Paulo não usava aviões". A questão é que ele não os usava porque não existiam! Aquele homem era "filho" de outro tempo, de outra geração. Se a nós foram disponibilizados meios, veículos, formas e estruturas, por que não nos apropriarmos de toda "atualização" disponível para que nossos dons alcancem todas as pessoas confiadas a nós nesta geração?

O novo desafia, assusta e é *desconfortável*! Mas Deus está convidando você a trocar de odre sem medo, a fim de ficar pronta para a recepção do vinho novo. Portanto, tire o pé do acelerador e questione-se: "Será que entrei em uma rotina de rituais e hábitos, ou estou realmente no direcionamento do Céu para este tempo em minha vida?". Às vezes, em meio à correria da vida, não percebemos que o direcionamento já se tornou outro e ainda estamos na ordem antiga.

Para que isso não aconteça, passe sempre suas decisões pelo filtro da oração e da Palavra de Deus. Só confiamos e obedecemos a Deus na medida que o conhecemos, então desenvolva um relacionamento com ele. Não permita que suas emoções confusas distorçam a verdade e a direção do Senhor. Vigie em oração, medite na Palavra, troque o celular por tempo de devocional, coloque Deus em primeiro lugar nos seus dias e treine o seu ouvido para escutá-lo quando ele falar.

Os judeus do tempo de Jesus não estavam percebendo que tudo o que esperavam havia anos estava diante deles. Por isso, permaneceram em total constância nos rituais e em suas atividades rotineiras. Quando Cristo lhes anunciou as novidades (pano novo e vinho novo), ele os estava conclamando a se permitir acessar o novo que já estava diante deles!

É como se o Espírito Santo estivesse fazendo o mesmo apelo a você: *Permita-se viver o novo*, ainda que pareça desconfortável e assustador. Faz parte da nossa humanidade sentir medo de pisar em algo desconhecido, e lidaremos com isso constantemente. O medo é um sentimento humano que, muitas vezes, protege-nos e salva-nos de situações terríveis e perigosas. Porém, ele passa a ser um problema em nossas vidas quando começa a guiar nossas emoções e impede-nos de experimentar o novo de Deus. Em 1João 4.18-19, a Bíblia fala que o verdadeiro amor lança fora todo o medo, e o verdadeiro amor é o Senhor. Entender isso e andar com Deus é se lançar diante do novo, deixando o medo de lado e caminhando em obediência.

3

Ajustando o ponteiro

Não se gabe por permanecer a mesma de vinte anos atrás, se não for esse o molde que o Senhor deseja que você tenha agora!

Como podemos nos permitir viver o novo sem errar na dosagem? Como não nos tornarmos frias e vazias, abandonando tudo o que já aprendemos? Jesus disse o seguinte: "[...] Podem, acaso, estar tristes os convidados para o casamento, enquanto o noivo está com eles? Dias virão, contudo, em que lhes será tirado o noivo, e nesses dias hão de jejuar" (Mateus 9.15, ARA). Em outras palavras, o que ele estava dizendo é: "Vocês não perderão a essência do que sempre fizeram, apenas aprenderão a moldar tudo isso aos *novos tempos!*".

Você só conseguirá não extrapolar no ponteiro se fizer o novo totalmente sob a direção do Espírito Santo. Alguns tentaram fazer essa transição por conta própria e acabaram morrendo espiritualmente, perderam ministério e desonraram tudo o que pregaram a vida inteira. Outros temeram a transição por medo de todos os exemplos falidos que tiveram diante dos olhos e acabaram malsucedidos. No entanto, não pense que uma ou outra coisa se difere, porque ambas estão *fora* do tempo e da direção de Deus. Não se gabe por permanecer a mesma de vinte anos atrás, se não for esse o molde que o Senhor deseja que você tenha agora!

É como estar suplicando por água e, ao vê-la diante de si, sentir medo de ela não ser potável — e morrer de sede apenas por não ter essa certeza. Não é porque você não entende o que está à sua frente que esse algo não é de Deus. Os fariseus não entenderam a missão de Cristo, mas lá estava a manifestação *perfeita* da vontade do Pai. Eles estavam se gabando dos rituais que ainda faziam e sequer percebiam que a forma desatualizada também estava errada. E isso acontecerá conosco também, se pensarmos que nossa vontade é superior à vontade boa, perfeita e agradável do Senhor.

As nossas vontades são passageiras, momentâneas e ligadas às circunstâncias. Pense nos seus desejos de cinco anos atrás e entenderá isso! Dificilmente tudo o que você queria antes continua desejando hoje. Isso se dá porque não enxergamos o futuro, não vemos como Deus vê, e, por isso, caminhamos apenas de acordo com o que vemos no tempo presente. Mas a vontade de Deus não é assim. Ela está alinhada com o eterno e devemos posicioná-la na prateleira certa do nosso coração.

O homem sozinho não consegue acessar o que é novo. Não adianta. Nossa régua de limites sempre se excede ou trava. Ou nós ultrapassamos do novo para o *nocivo* ou nos impedimos de vivê-lo por *medo*. O novo é tão desconfortável porque não sabemos necessariamente como será o próximo passo. Ainda assim, apenas ande na direção que recebeu para hoje e confie que a próxima também virá.

Volto à história que relatei no início deste texto: *Abraão! Você percebe que ainda não é um relato da Nova Aliança, mas já é um apontamento do comportamento que o Céu deseja de nós?* Deus disse a Abraão: "Sai e mostrarei". O passo do "sair" não acompanhava o plano da semana seguinte. O direcionamento da próxima fase era "*mostrarei*", isto é, o futuro — um tempo em que o homem não está, mas Deus sim. Ou seja, nós podemos não entender nada, mas o Onisciente já entendeu e cuidou de tudo!

Palavras finais

Confie! Apenas confie! Ande sem se preocupar com como serão os próximos passos, confiando que sua garantia não é o lugar, mas a presença do Senhor ao seu lado. A inquietação de não saber o todo a faz buscar a divina presença *todo* dia. Sim, esse desconforto por estar caminhando sobre o desconhecido tira-lhe o controle da mão e a coloca na posição de filha que aguarda o direcionamento do Pai.

Não faça desse desconforto uma tormenta. Não se desespere nem se apavore como quem não tem em quem confiar. Apenas viva um dia de cada vez, tendo Deus em todos eles. Se seu coração começar a demonstrar insatisfação com o tempo presente, esteja atenta: este pode ser um sinal claro de que Deus está chamando você para viver algo novo. Perceba as estações e reposicione seus passos para andar na nova direção. Para romper com o passado, é preciso fazer força! Ninguém rompe na paralisia, na estagnação ou na inércia. Precisamos nos esforçar para viver uma nova temporada. Deus não chama você para permanecer em frustração, mas para utilizá-la como impulso para a novidade de vida. A insatisfação empurra você para o novo tempo! Aproveite isso.

Oro a Deus que remova do seu coração todo medo do novo. Que faça cair por terra, agora, toda ferramenta de prisão que o Adversário estava usando contra a sua mente, para mantê-la presa a memórias, sentimentos e ideias! Deus a está revestindo para viver uma nova fase, uma nova estação. Você não sentirá falta do passado, nem terá curiosidades excessivas sobre o futuro, mas viverá o seu tempo, dia após dia, com leveza, graça e muita sabedoria, pois essa é a aliança de Deus com você!

Exercitando a fé!

1. **Escreva, a seguir, quais são as áreas da vida em que você não tem conseguido romper.**

2 - Separe um tempo durante a semana para orar sobre essas áreas, mencionando cada um dos empecilhos identificados. Ao final da oração, diga a si mesma, com fé: "*Eu vou viver um tempo novo!*". Escreva a sua oração nas linhas abaixo.

Declarações Proféticas!

Para viver o novo, é necessário posicionamento. Use cada um dos versículos abaixo como armas nesta batalha e declare profeticamente cada um deles para entrar nesta nova estação.

1 *Esqueçam o que se foi; não vivam no passado. Vejam, eu farei uma coisa nova! Ela está prestes a acontecer! Vocês não a percebem? Até no deserto vou abrir um caminho e riachos no ermo.*
(Isaías 43.18-19)

Porque sou eu que conheço os planos que tenho para vocês" — declara o SENHOR — "planos de fazê-los prosperar, não de causar dano, planos de dar a vocês esperança e um futuro. **2**
(Jeremias 29.11)

3 *Veja! O inverno passou; acabaram-se as chuvas e já se foram. Aparecem flores na terra, e chegou o tempo de cantar; já se ouve na nossa terra o som dos pombos. A figueira produz os primeiros frutos; as vinhas florescem e espalham a sua fragrância. Levante-se, venha, minha querida; minha bela, venha comigo". O amado Minha pomba nas fendas da rocha, nos esconderijos, nas encostas dos montes, mostre-me o seu rosto, deixe-me ouvir a sua voz; pois a sua voz é suave, e o seu rosto é belo.*

(Cantares 2.11-14)

Aquele que estava assentado no trono disse: — Vejam, eu farei novas todas as coisas! E acrescentou: — Escreva isto, pois estas palavras são verdadeiras e dignas de confiança. 4

(Apocalipse 21.5)

5 *Todas estas bênçãos virão sobre vocês e os acompanharão se obedecerem ao Senhor, o seu Deus: Vocês serão abençoados na cidade e serão abençoados no campo. Os filhos do seu ventre serão abençoados, como também as colheitas da sua terra e a cria das vacas e das ovelhas. A sua cesta e a sua amassadeira serão abençoadas. Vocês serão abençoados quando entrarem e quando saírem.*

(Deuteronômio 28.2-6)

Diário de

oração

Não andem ansiosos por coisa alguma, mas em tudo,
por meio da oração e da súplica, com ação de graças,
apresentem os seus pedidos a Deus.
(Filipenses 4.6)

Orem constantemente.
(1Tessalonicenses 5.17)

O seu romper começa em oração! É o momento de colocar em prática tudo o que foi aprendido neste livro e guerrear verdadeiramente por cada uma das áreas da sua vida, apontando seus alvos de intercessão e os motivos que você deseja colocar diante de Deus. Carregue com você este livro, volte sempre que precisar nestas páginas e anote os testemunhos das orações respondidas.

VIDA PESSOAL

No coração, o homem planeja o seu caminho, mas o SENHOR determina os seus passos.

(Provérbios 16.9)

Pedido de oração:

Resposta da oração:

VIDA FAMILIAR

Se, porém, não agrada a vocês servir ao SENHOR, escolham hoje a quem irão servir, se aos deuses a que os seus antepassados serviram além do Eufrates, ou aos deuses dos amorreus, em cuja terra vocês estão vivendo. Eu, porém, e a minha família serviremos ao SENHOR.

(Josué 24.15)

Pedido de oração:

Resposta da oração:

FINANÇAS

O meu Deus suprirá todas as necessidades de vocês, de acordo com as suas gloriosas riquezas em Cristo Jesus.

(Filipenses 4.19)

Pedido de oração:

Resposta da oração:

SONHOS

"Porque sou eu que conheço os planos que tenho para vocês" — declara o SENHOR — "planos de fazê-los prosperar, não de causar dano, planos de dar a vocês esperança e um futuro".

(Jeremias 29.11)

Pedido de oração:

Resposta da oração:

VIDA MINISTERIAL

Vocês não me escolheram, mas eu os escolhi e designei para que vão e deem fruto, um fruto que permaneça, a fim de que o Pai dê a vocês o que pedirem em meu nome.

(João 15.16)

Pedido de oração:

Resposta da oração:

AMIZADES

É melhor ter companhia do que estar sozinho, porque maior é a recompensa do trabalho de duas pessoas. Se caírem, um levantará o outro. Mas pobre do homem que cai e não tem quem o levante!

(Eclesiastes 4.9-10)

Pedido de oração:

Resposta da oração:

Concl

usão

Parabéns, mulher! Você concluiu este livro e, junto com ele, tem a possibilidade de encerrar ciclos antigos e abraçar um novo tempo de Deus para sua vida. Mas, isso só será possível pela renovação do seu entendimento através da Palavra de Deus.

Foi um prazer compartilhar com você um pouco do que temos aprendido nas Escrituras e das nossas experiências com o Senhor. Amamos o tempo em que passamos JUNTAS com você!

Agora, seguimos em oração para que você também siga rompendo com os desafios da vida diária, cultivando amigas com o mesmo propósito e conservando a certeza de que não precisa seguir só nessa caminhada. Vamos juntas!

Esta obra foi composta em *Cabrito*
e impressa por gráfica Piffer Print sobre papel
Offset 75 g/m² para Editora Vida.